肇庆学院高层次项目培育计划资助项目

肇庆学院学术著作出版资助金

共同资助

砚园学术

语言服务书系·方言研究

龙川客家话的正反问句研究

兼论客家话正反问句的类型和特点

黄年丰 著

暨南大学出版社
JINAN UNIVERSITY PRESS

中国·广州

图书在版编目（CIP）数据

龙川客家话的正反问句研究 ： 兼论客家话正反问句
的类型和特点 / 黄年丰著. -- 广州 ： 暨南大学出版社，
2024. 12. --（语言服务书系）.

ISBN 978-7-5668-4055-4

Ⅰ. H176

中国国家版本馆 CIP 数据核字第 20240WE795 号

龙川客家话的正反问句研究：兼论客家话正反问句的类型和特点
LONGCHUAN KEJIAHUA DE ZHENGFAN WENJU YANJIU：JIAN LUN
KEJIAHUA ZHENGFAN WENJU DE LEIXING HE TEDIAN

著　者：黄年丰
···

出 版 人：阳　翼
项目统筹：杜小陆
责任编辑：康　蕊　刘舜怡
责任校对：周海燕　陈慧妍
责任印制：周一丹　郑玉婷

出版发行：暨南大学出版社（511434）
电　　话：总编室（8620）31105261
　　　　　营销部（8620）37331682　37331689
传　　真：（8620）31105289（办公室）　37331684（营销部）
网　　址：http：//www. jnupress. com
排　　版：广州良弓广告有限公司
印　　刷：广州市友盛彩印有限公司
开　　本：787mm×960mm　1/16
印　　张：15.25
字　　数：230 千
版　　次：2024 年 12 月第 1 版
印　　次：2024 年 12 月第 1 次
定　　价：69.80 元

序　言

疑问句是语言交际中常见的表情达意的方式之一，根据疑问的方式、疑问的程度等，疑问句又被分为若干次类，正反问句（或叫反复问句）是单独的类别还是选择问句的一种特殊形式，学界的意见并不一致。20 世纪 80 年代朱德熙先生发表《汉语方言里的两种反复问句》，认为"VP 不 VP"和"可 VP"两种反复问句在汉语方言里是互相排斥、不可能共现的。朱先生论文的意义不仅限于发现了汉语反复问句的一个特征，更重要的是引发了汉语方言反复问句讨论的高潮，这之后，汉语方言正反问句的描写与研究取得了长足进步。

正反问句的问题不可能孤立来看，必须在疑问范畴内作综合考察，这是一；方言语法表现纷繁复杂，必须进行类型学考察，这是二；语言是变化发展的，语法现象同样如此，必须加强历时考察，这是三。以往汉语方言正反问句讨论多集中在单一方言，以描写为主，解释相对谨慎，有定论的论述不多，本书试图从点出发，横面做类型学考察，纵向做历时溯源，深入探讨汉语方言正反问句的类型特点和发展脉络。

老隆客家话是作者的母语方言。一般认为客家方言内部的一致性较高，至少语音上如此，有几条管得住的特征（如语音的古全浊声母送气、次浊上读阴平等）。但是从词汇语法上来说，不少特点是跨方言的，因而从类型学角度考察更加实事求是。论著首先对老隆客家话的疑问句式做了详尽的分类描写，重点讨论了正反问句的三种表现形式：阿-VP、neg-VP-

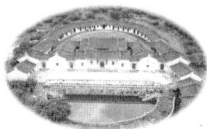

PRT、VP-neg。作者用当地不同乡镇的相关材料作为佐证，推测上述三种正反问句的来源："阿-VP"实际上是从"阿-neg-VP"演化而来，"neg-VP-PRT"是"阿-neg-VP"的变异形式（说快了导致"阿"脱落，为区别于一般否定句，需用句末语气词强化正反问句语气），VP-neg没有明确来源，但从后面的讨论得知，作者应该主张它是继承而来这个说法的。

据作者描述，客家话最为常见的正反问句主要有两种关系密切又兼社会和地理分布特点的类型：VP-neg和VP-neg-VP，老派（年长者、远离城市者）倾向于前者，新派（年轻群体、靠近城市者）倾向于后者。一般认为，汉语方言正反问句的标准形式是"VP-neg-VP"，几个变异形式分别是：VP-neg、F-VP。VP-neg被认为是VP-neg-VP的省略形式，部分VP-neg中的neg有可能进一步虚化（这种弱化在北方方言中表现为轻化，否定词进而变成了语气词，语义功能消失，只承载语气功能），向着是非问句演变。作者也持有相同观点，从所举方言实例来看，这个说法得到了一定程度的证实。但是neg的虚化机制以及与是非问句句末疑问语气词如何关联还需要做进一步论证。

"F-VP"的情况相对复杂，也是探讨正反问句的学者们更为关注的类别。"F"在不同方言里形态各异，因而引发了对其来源的讨论。从作者归纳的情况来看，客家话的"F-VP"正反问句只见于赣南和粤赣交界地区的少数方言，大致分为两个小类："neg-VP"和"可-VP"。作者认为"neg-VP"是"VP-neg-VP"的省略形式，这个假设提供了一个很好的研究思路，有的方言省略的是后面的VP，省前和省后各有什么条件？二者有无差异？差异是什么？这方面还需要做进一步探究。

以上两种正反问句是否可以在同一方言中共现？作者通过考察已有研究成果，发现在闽、赣方言中二者是可以共现的，至于共现的背景，已有研究并未做更深入的探讨。可以有一种假设，即二者可能是不同时间层次的表达句式，至于是否叠置，要看表意功能上是不是互补，需要做类型学考察。

专题讨论部分，为了求证客家话正反问句的类型学意义，作者将其放在整个汉语方言大背景中去对比考察。本章选择了几个有代表性的话题，其中对于选择问句与正反问句句式关系的探讨论证较为充分，"正反问句来自选择问句"基本没有问题，中间起连接作用的 M 成分来源于是非问句的句末疑问语气词，说法也是可以采信的。F-VP 较为复杂，作者先做类型考察，再从语言迁徙角度对分布在核心区域之外特别是地理上并不相连的地区的相关表现进行了解释和推测。F-VP 中比较棘手的是 F，语音不同，书写各异，做同源考察的确不容易。假设具有同源关系，那么功能应该是相同的，在这个前提下展开探讨可能更专注一些。作者依 F 的语音形式将F 分为 A、K 两类，关于 K 类采纳了江蓝生先生的继承说，认为来自"可-VP"中的"可"，但不认同 A 类也是"可"音变结果的说法，继续坚持自己的观点：A 来自选择问句中间的疑问语气词，并通过历史语料探源以及方言与方言、方言与民族语材料对比，强化对这一观点的认识。VP-neg 中的否定词处在句末，与句末语气词在位置上重合，时间长了会发生什么变化呢？VP-neg 在北方方言中相对占据优势，在南方方言中也有一定表现。作者重点关注否定词在此类句子中是否仍具否定意义，即是否虚化以及虚化程度如何。语言事实支持否定词虚化说，只是虚化程度各地不一，这就引出了另一个话题：VP-neg 究竟是独立句式还是脱胎于选择问句？历史语料给出的事实说明 VP-neg 由来已久，但也不能据此证明二者没有关系，能够通过描写否定词的虚化表现探究 VP-neg 与是非问句的关系，判断至少有一部分是非问句与 VP-neg 关系密切，研究就有价值了。

年丰是广东龙川人，客家话是她的母语，方言研究特别是做母语方言语法研究是最理想的。她的硕士专业是对外汉语，这也让我在录取她时有一丝犹豫，怕她因缺乏田野调查训练做论文不大容易，但她后来的表现打消了我的疑虑。她是在职读书，既要忙工作，又要带孩子，还要照顾生病

的丈夫（这是我后来才知道的），压力可想而知。这本书是在其博士论文的基础上修改完成的，这些年过去了，年丰仍未放弃研究，仍然热爱学术，或许经历了这些年的磨难，她更加懂得珍惜，更加热爱生活。作为导师，我真诚祝愿年丰的学术之路、生活之路越走越宽广，越走越幸福！

邵　宜

2024 年 11 月 4 日

于暨南园

前　言

汉语方言正反问句（反复问句）一向是学界研究的热点，而客家话这方面的研究成果相对较少。本书以龙川客家话的"F-VP"型正反问句为切入点，探讨客家话正反问句的类型和特点，将客家话中一些有特色的句式与其他方言以及历史文献中的同类句式比较，探索其类型学上的意义。本书是在笔者2015年的博士论文的基础上修改而成，整体框架不变，在第六章"余论"中，加入了近几年关于正反问句的最新研究成果，并对客家话"K-neg-VP"正反问句的性质与形成原因展开讨论。

本书首先详细描写龙川（老隆）客家话的疑问句系统，总结老隆话与普通话疑问系统的对应关系。老隆话的"阿-VP"疑问句，对应了普通话中的"VP-neg-VP"正反问句和表示中性询问的"VP吗？"，在整个疑问系统中占有重要地位。接着概括龙川正反问句的类型，总结龙川"F-VP"问句的形式特征和语法功能，比较龙川24个镇"F-VP"问句中的发问词"F"的语音形式，认为龙川的"F-VP"问句应该是由"X啊Y"型选择问中的正反选择问句"VP啊唔VP"删除前面的"VP"而来的，其实质应该是"阿-neg-VP"问句。

其次，探讨正反问句的三种类型"VP-neg""F-VP""VP-neg-VP"在客家话中的大概分布和特点。

最后，将客家话中有特色的正反问句句式置于汉语方言的大背景下分析，认为：①客家话的"VP-neg"正向是非问过渡。②赣南客家话的"F-VP"问句应该是直接来源于苏皖地区，而以龙川为中心的粤赣交界地带的

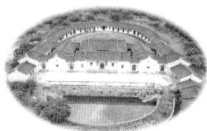

"阿-neg-VP"与吴方言的"F-VP"在疑问句的生成机制上有相通之处。③汉语方言正反问句与否定词关系密切,句中否定词均有虚化倾向:"VP-neg"是否定词后置型,否定词开始向语气词发展;"VP-neg-VP"是否定词中置型,有些地方中间的"neg"弱化或脱落,形成"VV(P)"型问句;"neg-VP"和"F-neg-VP"是否定词前置型,"neg"或语音轻化,或与语气词合音形成"F",或脱落,否定义消失。

黄年丰

2024 年 10 月 30 日

目 录
Contents

第一章 绪 论

疑问句、陈述句、感叹句和祈使句是汉语的四大句类，疑问句因为具有独特的形式标记和特殊的表达功能，所以一向是汉语句类研究的重点。对于疑问句的研究，国内外都有大量的文献，前贤们在此领域已经取得丰硕的研究成果，尤其是针对普通话疑问句的研究。

20 世纪 80 年代，学者们关注汉语方言疑问范畴的研究，尤其是正反问句（反复问句），朱德熙（1985）的《汉语方言里的两种反复问句》认为汉语方言里的正反问句有"VP 不 VP"和"可 VP"两种互相排斥、不在同一种方言里共存的类型。之后，许多学者撰文讨论了各地方言中的正反问句，成果丰硕，掀起研究的热潮。

21 世纪以来，越来越多学者关注汉语方言疑问范畴研究，公开发表的著作和文章数量越来越多，研究的视野不断扩大，研究方法也不断增加。研究的内容既有对语法结构范畴的描写，也有对语义范畴、方言地理类型学等领域的探索；不仅关注不同方言之间、不同语言之间的接触、渗透和影响，也关注疑问句各种句式的历时传承。对于各方言区疑问范畴的探讨，笔者所搜集到的资料显示：在各方言区中，研究成果最多的是北方方言和吴方言，其次是粤方言、闽方言和湘方言，而客家话和赣方言的有关成果相对较少。本书以龙川客家话的"F-VP"型正反问句为切入点，探讨客家话正反问句的类型、特点及其来源，并与其他方言及历史文献中的同类句式比较，探索其类型学上的意义。

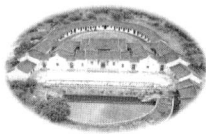

第一节　研究对象和研究范围

普通话中的正反问句，又叫反复问句，一般是用"VP 不/没 VP"结构来询问，因为字面上不表示说话人的意见和态度，所以又可称为中性问句。由于分类标准的不同，正反问句的归类一直存在争议，与选择问句、是非问句之间的界限有时难以分清，我们依据邵敬敏（2012）的归纳，探讨对于三者关系界定的不同观点：

（1）正反问句独立，与选择问句并列为一类。

根据"疑"和"问"两者之间的关系，吕叔湘（1942）把疑问分为询问、测度和反问三种类型。然后将表询问的问句分为两类：特指问句和是非问句，把正反问句和选择问句（抉择问句）看成从是非问句中派生出来的两种类型。

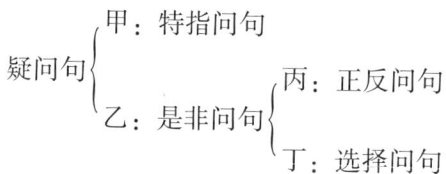

$$
疑问句\begin{cases} 甲：特指问句 \\ 乙：是非问句\begin{cases} 丙：正反问句 \\ 丁：选择问句 \end{cases} \end{cases}
$$

（2）正反问句属于选择问句的一部分。

朱德熙（1982）认为"把陈述句的谓语部分换成并列的几项，再加上疑问句调，就变成了选择问句"，正反问句是一种特殊的选择问句。

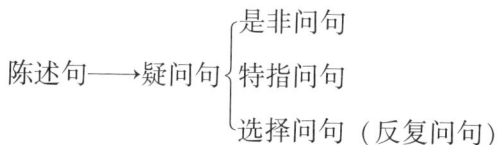

$$
陈述句 \longrightarrow 疑问句\begin{cases} 是非问句 \\ 特指问句 \\ 选择问句（反复问句） \end{cases}
$$

陆俭明（1982）认为"特指问句和选择问句都是由疑问形式的语言成分构成的，是非问句则是由非疑问形式的语言成分构成的"，故将疑问句分成两大类：一类是特指问句和选择问句，一类是是非问句。

疑问句
- 是非问句
- 特指问句
- 选择问句（正反问句）

（3）正反问句属于过渡类型。

刘丹青（2008）从类型学的角度提出：正反问句是选择问句向是非问句发展的中间阶段和过渡类型。

（4）正反问句独立，与是非问句并列。

邵敬敏（1996）的分类将是非问句与正反问句在语义表达层面上打通了，因为这两种问句都要求在回答时作出肯定或否定的明确回答，所以，二者在意义上是相通的，但是在句法结构形式上存在明显的区别。

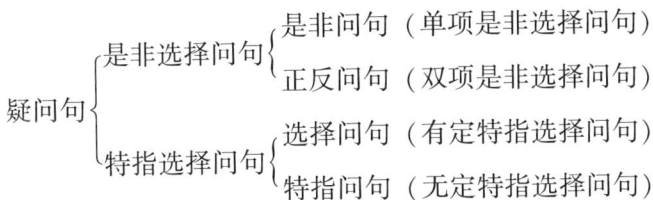

疑问句
- 是非选择问句
  - 是非问句（单项是非选择问句）
  - 正反问句（双项是非选择问句）
- 特指选择问句
  - 选择问句（有定特指选择问句）
  - 特指问句（无定特指选择问句）

随着研究的深入，朱德熙（1999）、余霭芹（1992）、施其生（2000）等考察了历史文献后，结合汉语方言的事实，认为汉语方言中除了"VP不/没VP"之外，还存在"F-VP"和"VP-neg"两种类型的问句。赵元任（1956）则将这两类归入是非问句。游汝杰（1993）认为如果从语法形式来判断，方言中的"F-VP"和"VP-neg"这两类句子不是反复问句；如果从回答方式来判断，这两类句子都有一般疑问句的性质。反复问句是普通话语法研究中提出的术语和概念，它不能概括方言里"F-VP"和"VP-neg"这两类问句，但可以把它们当作反复问句的对应形式来研究，为了统一，以下一般称为正反问句。

从历时的角度看，是非问句、选择问句和正反问句的形成也比较复杂，难以截然分开。刘子瑜（1998）认为古汉语中选择问句前后分句的语气词脱落后，会演变成"VP不VP"式和"VP不"式正反问句，所以选

择问句派生出了正反问句。中古时期的"VP无"式正反问句后来有了虚化的倾向，唐代句尾的否定词"无"虚化为"麽"，然后发展为今天的语气词"吗"，句子由正反问句向是非问句演变。由此可见，历史上三种类型之间就有着密切的联系。

本书讨论的客家话正反问句包括上述"VP-neg-VP""VP-neg"和"F-VP"三种类型以及由它们衍生出来的各种变式，意义比较宽泛，相当于施其生（2000）和余霭芹（1992）所说的"中性问句"（表示中性询问的句子），提问者并无倾向性意见，而是有所疑惑，希望对方予以解答，为一般性询问，要求对方就疑问点作出肯定或否定的具体回答。正因为前面提及正反问句、是非问句和选择问句之间的复杂关系，我们在引用他人材料的时候，一般只关注表示中性询问意义的这三种类型，而不直接引用原作者的归类。

第二节　研究现状

一、汉语方言正反问句（反复问句）的研究

从 20 世纪 80 年代开始，汉语方言正反问句就是一个研究热点。继朱德熙（1985）之后，不少学者结合自己的方言讨论正反问句，如王世华（1985）的《扬州话里两种反复问句共存》、李小凡（1990）的《也谈"反复问句"》、施其生（1990）的《汕头方言的反复问句》、刘丹青（1991）的《苏州方言的发问词与"可 VP"句式》、贺巍（1991）的《获嘉方言的疑问句——兼论反复问句两种句型的关系》、游汝杰（1993）的《吴语里的反复问句》、刘祥柏（1997）的《六安丁集话的反复问形式》等。

21 世纪以来，对于正反问句的研究更加深入，以下分方言区进行小结。

（一）北方方言正反问句的研究

首先是关于北方方言里正反问句特殊形式的研究。陕北方言关于"VP-不/没"的定性存在争议：邵敬敏、王鹏翔（2003）认为"今天是二月二不？"这种句式是正反问句向是非问句过渡的一种类型，印证了"VP-neg"中的否定词虚化导致了部分"VP-neg"演变成是非问句的猜测。而邢向东（2005）不同意"省略说"，认为陕北晋语句尾的"不"和"没"仍然是否定词；它是与北京话"VP 不 VP"句式并列的反复问句类型，并不是是非问句和正反问句之间的过渡类型。研究晋语的还有郭校珍（2005）的《山西晋语的疑问系统及其反复问句》、郭利霞（2010a）的《晋语五台片的重叠式反复问句》等。

江淮官话的研究成果比较丰富，黄孝片的有盛银花（2011）的《湖北安陆方言的两种正反问句》，文中根据否定词及其位置，将安陆方言的正反问句分成"VP 了冇？"和"V 不 VP + 语气词"两种。前者用于已然态，后者用于未然态，此外还有五种由"V 不 VP + 语气词"式变化而来的正反问句格式。项菊（2005）的《黄冈方言的"VP-neg？"及其相关句式》提及"VP-neg"是黄冈方言使用频率较高的一种特殊问句类型。"VP-neg"有两种基本句式："VP 冇（没有）？"和"VP 不？"前者在黄冈地区用法较为一致；后者由于和不同的语气词结合，逐步虚化为不同的准疑问语气词，反映了黄冈方言句式由正反问句向是非问句演变的轨迹。辛永芬（2007）的《豫北浚县方言的反复问句》探讨中原官话郑曹片豫北浚县没有"吗"字类是非问句，但是有"VP-neg-VP"和"VP-neg"两种类型的正反问句，这两种类型依据否定词和语义的不同呈互补分布。

山东方言正反问句也吸引了学界的注意，罗福腾（1996b）的《山东方言里的反复问句》、王素平（2007）的《山东方言［VP-neg］式反复问句的类型学意义》都认为山东方言反复问句"VP-neg-VP"和"F-VP"两种类型并存，其中，通行于山东腹地的"VP-neg"在其共时特征、演变规律及动态变化层次等方面显示出类型学的意义。从山东方言的分区看，只

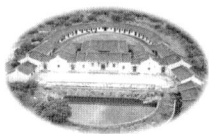

能或主要使用"VP-neg"形式的山东方言的西区，与华北方言、东北方言一脉相承，同属于冀鲁官话或中原官话区；从汉阳方言反复问句的分布格局看，山东腹地与河北、河南及以西的地区共同归于华北方言区。

北方方言中也存在"F-VP"问句，学者对其进行了描写：李孝娴（2006）的《固始方言"可VP"问句考察》揭示了固始方言"可"的表现形式、句法功能及使用条件，尝试探讨"可"的成因。王琴（2008b）的《阜阳方言"可VP"问句句法特点》介绍了安徽阜阳方言（地处中原官话区南部，与江淮官话区交界）中"可VP"反复问句的表现形式，有不带句末语气词的"可VPO"和带句末语气词的"可VP唠/芒/来"；有A、B两种韵律模式，A型表达非已然体，B型表达已然体；就"可VP＋芒"的来源问题作了推想。丁治民（2003）的《东台话的疑问副词"个"》描写了江淮官话通泰方言区东台话"个＋VP"的三个特点。李慧敏（2008）的《合肥话的"K-VP？"疑问句》认为合肥话中的"K-VP"可以表达反复问、是非问、选择问和反问。姜红（2006）的《安徽霍邱话中的"克-NP"问句》指出下江官话霍邱话"克-NP"问句实质上是"克-VP"问句中以"是"为主要动词的问句的特殊形式，"克-NP"的"克"相当于"克-VP"的"克"加"是"。此外，还有胡利华（2008）的《安徽蒙城方言的"可"字句》指出疑问副词"可"主要是和谓词性成分构成"可-VP"反复问句，同时"可"又有些灵活运用的形式，表示非疑问的意义。贡贵训（2013）的《安徽怀远方言的反复问句》谈及通过"可"的语音变化来表达动词不同的体貌特征，可$_1$表示未然，可$_2$表示已然，其分布与疑问焦点结合紧密。"可"在各方言中的不同语音形式是其语法化过程中语音虚化的体现；怀远话可$_2$的读音是类推和挤压的结果。

张映庚（1986），卢开礴（1993），丁崇明（2005），丁崇明、荣晶（2009）都曾对西南官话中的"F-VP"问句进行研究。其中，丁崇明（2005）的博士论文《昆明方言语法研究》对昆明方言的"格VP"问句作了详细的描写，包括形式特征、句法功能、疑问焦点对"格"位置的影响,"格 VP"问句与其他相关问句的关系等,还分析了昆明方言的"F-VP"问句的类型学意义,云南方言"F-VP"问句的来源,以及云南汉语方言"F-VP"和"V-neg-V"问句的分布。

(二) 南方方言正反问句的研究

吴方言正反问句的研究最为成熟,许多著名的学者如朱德熙(1985),刘丹青(1991),李小凡(1990),游汝杰(1993),徐烈炯、邵敬敏(1999)等人都有深入的讨论,不少观点被广为引用,此处不再赘述,着重探讨其他方言的研究情况。

方小燕(1996)、麦耘(1998)、彭小川(2012)等曾对广州话正反问句进行详细描写,认为"V 唔 V""V 唔 VP""有冇 VP(NP)""VP 未"属于广州话正反问句常用句式,"VP 唔 V""VP 唔""有 VP(NP)冇""VP 唔曾(未曾)"等属于老派句式。余霭芹(1992)以开平话为例,指出粤方言中较保守的次方言,无论已然体、未然体,一律用"VP-neg"。甘于恩(2010)指出四邑片的恩平话和新会话也有"VP-neg"这种句式,意同"VP-neg-VP",但这并非"VP-neg-VP"的省略式,而是古汉语语法句式的保留。据侯兴泉(2012),广东省肇庆市封开县存在"阿 VP"句式,但由于整个贺江流域的大部分汉语方言都无此用法,根据对县内移民史的考察,侯兴泉认为南丰、铺门一带的"阿 VP"应该是宋明时代从别的方言借入的。

施其生一直关注闽方言的正反问句,除了《汕头方言的反复问句》(1990)之外,他还发表了《闽南方言中性问句的类型及其变化》(2000)、《台中方言的中性问句》(2008)、《〈汕头话读本〉所见潮州方言中性问句》(2009),深入探讨闽方言的正反问句。其他学者的研究还有:李子玲、柯彼德(1996)的《新加坡潮州方言中的三种正反问句》,陈曼君(2011)的《闽台闽南方言的反复问句》,刘秀雪(2013)的《泉州腔闽南语的中性问句》等。这些文章反映出闽方言正反问句的特点如下:首先,地理分布上,福建厦门、泉州、漳州等和台湾常用"VP-neg"型问

句，越远离福建本土，"VP-neg-VP"型的使用越常见，到雷州半岛和海南岛，已经是一种普遍使用的句型了。闽方言绝大部分地方都没有"F-VP"型中性问句，就目前所知，此句型只分布于漳州一带，台湾属漳州腔的台中、宜兰等地，以及潮汕方言中汕头、潮州、澄海的部分地区，地域上并不连续，使用同类方言的台湾地区与漳州中间隔着海峡，使用同类方言的潮州地区与漳州中间隔着饶平。其次，"VP-neg-VP"和"F-VP"问句在闽方言中能共现。最后，闽方言正反问句在结构上有两个特点，一是经常在"VP"前面加上一个表示情态的助动词（"会""有""爱"等，施其生记为"a"），疑问焦点则在情态而不在"VP"上，构成"a-VP-neg""a-VP-neg-VP"或"F-a-VP"句式；二是动词和否定词之间有连接成分"阿"（也有人记为"啊""抑"），如"a-VP-阿-neg"。

赣方言正反问句的研究成果较少，汪国胜（2011）的《湖北大冶方言两种特殊的问句》对于赣北方言表正反问的"吧"问句和"吗"问句进行了考察，指出要加强对方言语法形式的深入发掘，重视对方言的变音式语法手段的研究。陈建锋（2014）认为典型的赣方言中并没有"可VP"疑问句式，如赣方言吉安片用句末语气词"啵"表示是非问和正反问，只有万安话和泰和话用"可VP"，而这两个县都是客赣方言混杂区，因而可以认为万安话（属于赣方言）中的"阿"字疑问句是受县内客家话"格"字疑问句影响而形成的。但据邓丽君（2006），赣中的抚州市的临川区、金溪县与南昌市的进贤县彼此相连，形成一个"F-VP"的聚集区。除此以外，整个赣北、赣西以及赣中其他地区是大片的"VP-neg-VP"分布区，这个区域的特色是"F-VP"与"VP-neg-VP"并存。

除了对于正反问句的专门探讨之外，不少学者在描写家乡方言疑问系统时也涉及了正反问句，以下举一些例子：

研究方言疑问系统的专著有邵敬敏（2010）的《汉语方言疑问范畴比较研究》，此书上篇收录了汉语七大方言的疑问系统，包括北方方言（北京话）、吴方言（上海话）、湘方言（新化话）、赣方言（宜丰话）、客家方言（石城话）、闽方言（福州话）、粤方言（广州话）。中篇收录了各地方言中的一些特色疑问句，包括上海方言的"阿 V"及其相关疑问句式、广州话的是非问句等。下篇收录了各种句式的语言学类型比较研究。全书涉猎范围广，内容全面，是研究方言疑问范畴的重要参考。

研究疑问句的论文还有史素芬（2000）的《山西武乡方言的疑问句》、王鹏翔（2002）的《陕北方言的疑问句》、李科凤（2005）的《重庆方言疑问句与普通话的差异》、吴青峰（2006）的《涟源市古塘方言疑问句研究》、龙景科（2007）的《侗语疑问句探略》、姚丽娟（2007）的《绥阳方言的疑问句与普通话疑问句的异同》、黄小平、王利民（2013）的《宁都客家话疑问语气系统略述》等。

除此以外，一些专门系统研究方言疑问句的硕士、博士学位论文和关于方言语法的著作也涉及当地的正反问句，如李会荣（2005）的《娄烦方言疑问句研究》、马志红（2007）的《龙口方言的疑问句研究》、关彦琦（2008）的《张北话疑问句研究》、毕丽华（2008）的《山东淄博王村镇方言疑问句研究》、卢红艳（2009）的《天门方言疑问句研究》、范艳（2010）的《习水方言疑问句研究》、曾毓美（2001）的《湘潭方言语法研究》、彭兰玉（2005）的《衡阳方言语法研究》、肖亚丽（2008）的《黔东南方言语法研究》等。

（三）汉语方言正反问句研究的特点

汉语方言正反问句研究成果丰硕，可以说是目前方言疑问范畴研究中最突出的领域，具有如下特点：

（1）注重方言语言事实的描写和分析。

目前搜集到的论文多数是对各地方言中正反问句的句法结构和语法功能作细致的描写，也不乏有关正反问句特殊形式的研究，如杨秀明（2003）的《"有没有句"在闽南方言区的结构变异——关于新兴问句"有没有 + VP"产生依据的探析》、盛银花（2007）的《安陆方言的特殊正反问格式"有不有"》等。

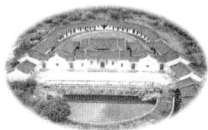

（2）既注重共时的比较，又关注历时的探讨。

学者不仅对汉语方言正反问句的现状进行描写和比较，也考察了历史文献，实行普通话、方言、古代汉语三结合，从时间和空间的多维角度去观察正反问句，所取得的成果具有语言地理类型学和历史比较语言学的性质。

如邵敬敏、周娟（2007）的《汉语方言正反问的类型学比较》借助西方类型学的理论研究汉语方言的正反问句，讨论了"VP-neg-VP""K-VP"和"VP-neg"的分布情况；甘于恩（2007）的《闽方言疑问句比较研究》对闽南方言和闽东方言的疑问句进行比较研究，以求凸显两种方言的异同；张敏（1990）的《汉语方言反复问句的类型学研究》在讨论反复问句的类型时都涉及了历史来源、分布、层次等。

利用方言早期材料进行历时的探讨，如粤方言的早期材料比较多，杨敬宇（2006）利用清末粤方言学话课本《粤语全书》等文献材料。伍巍、陈卫强（2008）主要使用十九世纪末的两部文献材料——*Cantonese Made Easy*（《粤语速成》）和《俗话倾谈》，对早期广州话反复问句的形式进行归纳，总结出早期广州话反复问句的三种主要形式。杨文（2006）认为粤方言中的"VP-neg-VP"格式可能是后起的，和"VP 唔呢?"之间的关系应该是繁化而非省略简化；"唔"后出现了动词，句子相对更清晰，有明确、强调的意味，但是一般限于单音节和双音节词，不会有更长的成分。伍巍、陈卫强（2008）运用统计数据证明，"VP 唔 V"式、"有 NP 冇"式和"VP 唔曾"式都是早期广州话使用频率较高的句式，后来两人还考察了二十世纪初一些文献资料①所记载的反复问句，也不外乎是这些句式。

施其生（2009）考察了 1886 年出版的潮州话教材 *A Handbook of the Swatow Vernacular*（《汕头话读本》）中的中性问句。杨海明（2007）的《近百年来北京话正反问句动态研究》是对单点正反问句的历时探讨，吴

---

① 包括 1903 年出版的《法文、广东、北京语音指南》以及 1914 年出版的《粤音》。

福祥（2008）的《南方语言正反问句的来源》是对整个区域正反问句的探源讨论，文章认为中国南方很多民族语言（侗台语、苗瑶语、南亚语及南岛语）跟汉语一样拥有"VP-neg-VP"问句，是汉语"VP-neg-VP"正反问句的扩散，属于语言接触引发的语言演变。另外，宋金兰（1995）的《汉藏语是非问句语法形式的历史演变》也有关于早期"neg-VP"问句的论述。

对于汉语史某个阶段或某部作品的正反问句，也有学者做过一些观察分析，如傅惠钧（2000）对《儿女英雄传》、刘镜芙（1994）对《金瓶梅词话》、阚绪良（1995）对《五灯会元》、刘志生（2002）对《西游记》中的选择问句进行了探讨，王琳（2013）对清中叶琉球官话的反复问句进行了研究。

（3）视野广阔，角度新颖。

除了对各方言区正反问句的句法结构和语法功能进行描写之外，学者们还从不同的角度作了分析解释，如徐烈炯、邵敬敏（1999）从语义角度来区分"阿 VP"句式和选择问句、正反问句和是非问句；张敏（1990）、袁毓林（1993）、王鹏翔（2002）等从类型学的角度展开分析，程凯（2001）则从生成视角进行解释。

范继淹（1982）、朱德熙（1985）、汤廷池（1981）和吴振国（1990）等传统描写语法学派的学者一般是讨论反复问句的类型归属，而黄正德（1988），田源、徐杰（2014），张孝荣、肖奇民（2014）等生成语法学派的学者更加关注反复问句的派生机制与生成过程。至少从二十世纪五六十年代开始，海内外的汉语研究者就纷纷从理论和实践的角度对汉语反复问句的生成机制问题进行探索。如 Wang（1967）是最早采用转换生成语法分析汉语反复问句的学者之一，认为反复问句的几种类型都是选择问句经由不同的转换规则操作产生。田源、徐杰（2014）的《汉语反复问句生成机制的实例化及相关句法问题》指出："重叠（＋删除）"这一套简单有效的句法操作可以统一处理反复问句各个次类的生成问题，简单有效的两

步操作，不仅可以反映与解释三个基本次类的多种本质共性特征和差异，还能够从容应对其与汉语方言中相关疑问句式之间的共性与差异。不同类型的结构与句式在生成反复问句类型的能力上存在差异，双音节动词、形容词强于单音节动词、形容词，带宾语的句式强于不带宾语的句式；不同类型的反复问句对那些要通过"正反重叠（＋删除）"生成反复问句的句式的限制也存在差异；反复问句和"可 VP"问句在类型归属上的纠葛、方言中的句式杂糅以及在能否内嵌问题上的差异，与二者的生成机制不无关系。张孝荣、肖奇民（2014）的《最简方案下汉语反复问句的句法分析》认为汉语中反复问句与特指问句具有类似的句法表现，反复问句中的"A-not-A"疑问算子占据疑问短语"Qup"的中心语位置。反复的部分由复制得出，复制的过程遵循最近吸引原则。复制的内容经形态合并融入否定词前后的两个节点，形成"VO-not-VO"型基础反复问句，其他类型的反复问句经由线性化处理得出反复问句中的特征核查只需一致的方式完成，而无需显性移位，其句法表现为"A-not-A"疑问算子与标句词之间不可以出现量化词类型的阻隔成分。"是不是"类型的反复问句和"ke-"类问句均可采用该模式加以分析。

二、客家话正反问句的研究现状

张敏（1990）、刘纶鑫（1999）的调查显示，南方各省的客家话中分布最广、使用最多的形式是"VP-neg"和"V 不 VO"型问句，但同时他们也发现赣南地区如全南、定南、万安、南康、兴国、大余、上犹、安远、崇义等地存在"F-VP"型反复问句。

据曾毅平（1998），石城龙岗话可以用"S + 么［mo⁴⁵³］？"提问，相当于普通话的"吗"，如：

（1）天光国庆节么？

（2）秀嘚起来床呃么？

（3）脚趾有出血么？

石城龙岗话正反问句常用"VP-neg-VP"，中间的否定词是"唔"和"冇"，述宾结构和多音节词语常用的形式是"V-neg-VO"和"VO-neg-VO"；"VO-neg-V"式有的可说，有的不能，尤其是联绵词。例子依次如下：

(4) 贵唔贵？ 洗唔洗？

(5) 熟冇熟？ 洗冇洗？

(6) 信神（啊/还/还就）唔信神？ 标致（啊/还/还就）唔标致？

(7) 信（啊/还/还就）唔信神？ 标（啊/还/还就）唔标致？

(8) 信神（啊/还/还就）唔信？

(9) 信神啊/还/还就唔？ 标致啊/还/还就唔？

据黄婷婷（2009），丰顺话属"VP-neg-VP"型反复问句，中间的否定词比较丰富，除了"唔"之外，还有"萌、盲、冇"。"萌、盲"表示曾然或已然的情况。否定词前经常出现"啊"。

(10) 国庆你转傢屋下（啊）唔转傢屋下？ ［VO（啊）唔 VO］

(11) 国庆你转（啊）唔转傢屋下？ ［V（啊）唔 VO］

(12) 国庆你转傢屋下（啊）唔转？ ［VO（啊）唔 V］

(13) 你去过（啊）萌去过？ ［VP（啊）萌 VP］

(14) 佢走啊盲走？ ［VP（啊）盲 VP］

(15) 有好去（啊）冇好去？ ［有 O（啊）冇 O］

丰顺话"VP-neg"式有"VP 盲""VP 冇""VP 无""VP 萌"（已然）。"VP 萌"用于对动作行为有没有发生或性质状态有没有变化进行提问，相当于普通话的"VP 没"。"VP 盲"用于询问主观愿望或客观事实是否有所变化。

(16) 你喫过蔗萌？（你啃过甘蔗没？）

(17) 哩辆脚车好骑盲？（这辆自行车能骑了不？）

(18) 哩条鱼有十斤冇？（这条鱼有十斤吗？）

李小华（2014）考察了广东、福建、江西三省部分点的客家方言，认

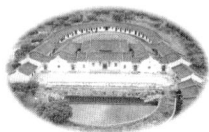

为客家话反复问句系统中都没有"F-VP"型,只有"VP-neg-VP"型及其简式"VP-neg",至于带宾语的"VP-neg-VP"型反复问句,有"V-neg-VO""VO-neg-VO""VO-neg-V"三种形式,这个说法并不全面,因为邬明燕(2007)、邓丽君(2006)发现客家方言粤中片龙川县也存在"阿VP"型反复问句。项梦冰(1990)、谢留文(1995)和饶长溶(2009)分别对连城、于都、长汀的重叠型正反问句进行了深入探讨。

笔者调查发现,广东省的客家话除了龙川话之外,和平、连平、翁源、新丰等县的客家话也存在"F-VP"型问句,而赣南客家话"F-VP"问句的分布更是广泛,这促使我们思考:这几个县的反复问句为什么不是客家话的主流形式"VP-neg"或"V 唔 V(O)"?它们和其他地方的"F-VP"问句如吴语中的"阿 VP"问句、合肥方言的"克 VP"、昆明方言的"格 VP"是否属于同一类型?汉语中的"F-VP"问句是否存在相同的生成机制?

第三节　研究目标、方法和意义

一、研究目标

(1)描写龙川(老隆)客家话疑问系统(特指问句、是非问句、选择问句、正反问句、反问句),通过与普通话的对比总结龙川话疑问句的特点。

(2)总结龙川各镇正反问句常用的类型,着重分析使用频率最高的"阿(唔)VP"问句的形式特征和句法功能,探讨这一句式的来源。

(3)描写客家话正反问句的类型分布,总结"F VP""VP-neg""VP-neg-VP"正反问句和"VP-PRT-neg-VP"正反选择问句在客家话中的分布和类型,探索客家话正反问句的特点和发展规律。

（4）将客家话的"F-VP""VP-neg""VP-neg-VP""VP-PRT-neg-VP"等句式放在汉语方言的大背景下进行讨论，总结这几种句式的内在联系，探讨汉语方言中否定词与正反问句的关系。

二、研究方法

（1）运用语言调查的田野工作方法搜集方言材料。首先深入调查龙川县老隆镇的疑问系统，然后着重调查龙川各镇正反问句的使用情况，再从客家话各片中选择代表点进行调查。

（2）运用比较法对各地方言正反问句的使用情况进行归纳和分析，总结客家话正反问句的类型和特点。

（3）运用文献法搜集其他方言中正反问句的研究成果，从结构形式和语法功能等方面对汉语方言的正反问句进行比较。

（4）采取共时研究和历时研究相结合的方法，从不同的角度观察客家话正反问句的类型特点。一方面关注汉语方言正反问句的共时分布和类型特点，另一方面总结前人历史文献中关于正反问句的研究，尝试进行历时的探讨。

三、研究意义

运用语言学的相关理论对龙川（老隆）客家话的疑问系统，特别是"F-VP"句式作尽可能全面的描写，分析这一句式在结构和功能方面的特点，并把"阿VP"问句放在整个疑问系统来考察，为客家方言疑问系统的研究提供一些佐证，为汉语方言语法的研究提供一些新的材料。

丰富客家话正反问句的研究材料，摸清客家话正反问句的大概分布和常用类型的特点，利用方言的材料进一步探讨正反问句和是非问句、选择问句的关系。对于其中富有特色的"阿-（neg）-VP""neg-VP""VP$_1$啊VP$_2$"问句进行共时比较和历时探讨。纵向的比较是通过对古代文献中关于正反问句的记录与目前语言事实的比较，探寻汉语方言正反问句的历史

发展轨迹；横向的比较则为汉语方言正反问句的类型分布和方言界限的划分提供重要的依据，同时也为历时的发展提供现实的证据。李如龙先生认为："归纳类型是梳理语言事实，分析历史层次是理解语言现象。共时的类型往往反映着不同的历史层次。没有共时类型的归纳，比较便没有基础；没有历史层次的分析，事实则找不到归宿。"① 所以，将汉语方言语法的大三角理论"普—方—古"和当代语言学的一些理论如历史比较语言学、语言类型学等运用到具体方言事实的分析和研究中来，能让我们对汉语方言语法现象观察得更加深入。

四、局限性

本书对于客家话的正反问句只做了抽样调查，没有做全面细致的普查，未能对一些复杂的方言现象进行深入描写和探讨。除了龙川县正反问句的调查是结合语音来进行的之外，其他地方疑问句的调查都没有结合当地的语音和词汇，结论不够深入细致。

因为方言口语语法个体差异较大，尤其是在语言接触频繁的现代，发音人受普通话影响较大，所以当我们问调查对象某句话该如何表达时，他们常说这也行、那也可以，我们只能根据他们日常与家人交谈的使用情况来判断最常用的句式。

在与其他方言比较时，我们主要从期刊、专著、方言词典、方言志等材料中搜集例子，但这些材料所描写的角度和方向未必与我们研究的角度和方向相符，材料之间的详略程度也经常不同，甚至对于同一现象的分析也有相互矛盾的论述，这都给我们的比对和分析带来一定的困扰，在一定程度上影响了我们探讨的深度和广度，有时甚至会影响准确度。

---

① 李如龙. 客赣方言比较研究［M］. 北京：中国社会科学出版社，1999：序.

第四节 龙川客家话概况

一、龙川县的地理人文概况

据《龙川县志》记载，龙川县位于广东省东北部，东江和韩江上游，地处北纬 23°50′57″ ~ 24°47′03″，东经 115°03′13″ ~ 115°35′18″ 之间；东连兴宁、五华，南邻东源，西接和平，北接江西定南、寻乌；全县总面积3081 余平方公里。

龙川历史悠久，早在新石器时代已有人类活动。秦始皇三十三年（前214）始置龙川县，今为全国保留最古县名的县份之一。置县之初，疆域辽阔，包括现在的龙川、五华、兴宁、河源、和平、连平等县境，以及新丰、陆丰、紫金、寻邬（今江西寻乌）等县的部分地方。东晋咸和六年（331）以后，龙川县地曾多次析置新县。自明嘉靖至今，县境疆域基本上稳定下来无大变动。据龙川旧志载：龙川"居郡上游，当江赣之冲，为汀潮之障，则固三省咽喉，四州门户"，为"水陆之要道"。旧治龙川城（今佗城）是最早的龙川故城，自秦至民国，为县或州之所，南汉刘龑时，移循州治于此，州县并存达四百余年，为州、县的政治、经济、文化、军事中心，素称岭南古城。

目前龙川县辖 24 个镇：老隆、四都、黄石、细坳、车田、贝岭、黎咀、上坪、丰稔、赤光、龙母、廻龙、田心、铁场、登云、通衢、鹤市、黄布、紫市、佗城、岩镇、新田、义都、麻布岗。县人民政府驻老隆镇。

县志中还收录了何福添的《龙川先民源流初探》，考证了龙川居民的历史来源。他据史料认为中原人最早进入龙川是秦平南越（前214）时，为了开发岭南，秦始皇除命令攻占岭南的军人长期守驻岭南外，还下令将数十万"罪人"发配到岭南。按唐进士韦昌明《越井记》所述，秦时随赵

佗来龙川定居的有赵、韦、官、任四姓。这四姓居民是第一批进入龙川与当地越族人杂居的中原汉人。龙川县民间现存的一些姓氏谱牒记载，其先祖于宋、明时期迁居龙川的居多。两宋期间，由于大批中原士民南迁江西、福建等地，再先后分迁粤北、粤东等地，龙川人口也相应增加。据何福添对全县129个自然村居民姓氏源流的调查，各姓先祖多在宋末或明初从嘉应州或南雄、翁源、赣南迁来，这与一些姓氏谱牒记载基本相符。两宋以后，大批中原、江南居民南迁岭南，世代居于岭南的人民也由于长期与汉人杂居，成为汉民族的成员。可以说，从南宋到元初，岭南古越族已基本汉化，而少数拒斥汉化的居民，则以瑶、黎、畲等名称被视为"异族"。明代，龙川居民以南迁汉人和业已汉化的南越族人为主体，也有少数外地迁入拒斥汉化的"瑶民"。由于明代汉人政府屡屡发兵征剿瑶民，到了清代，龙川再也没有瑶族的记载，大概其已融入汉人之中了。明代以后，直接由中原、江南移民岭南的已为数不多，那时移入龙川的多为梅县一带和相邻县的客籍人。明清两代，特别是清代，龙川居民基本稳定下来，迁入迁出人数不多。

二、龙川方言概述

龙川是纯客住县，《中国语言地图集》（1987）将其划为客方言区的"粤中片"（包括广东中部五个县：龙川、河源、连平、和平、博罗）。谢留文、黄雪贞（2007）在新编《中国语言地图集》中则取消了粤中片，将龙川归入客家话粤台片的龙华小片中。庄初升（2012）认为龙川县属东江上游山地丘陵地形，北半部为山地，是通行"梅韶片"客家话的地区；南半部是丘陵，特别是佗城、老隆（县城）、四都等处在东江两岸谷地小平原上的乡镇，主要通行"本地话"。

近年来，学者们关注到了龙川县内方言的南北差异性，如侯小英（2005）认为佗城、老隆、通衢、鹤市和四都等南部镇口音较相近，为南片；上坪、麻布岗、细坳、岩镇等北部镇口音差别不大，为北片；铁场虽然处于南部，但它的口音却和佗城等南部镇相差较远，而与相邻的五华基本一致，总的来说更接近北片口音；车田和龙母则表现出一定的南北镇过渡口音的性质。其中，北片口音与兴梅等地区的客家口音表现出较大的一致性，属于嘉应音；而南片口音跟河源有很多相同之处，跟增城、惠州等也有不少共同点，一般称为客家话中的水源音。

关于南片方言的归属也存在着一些不同的看法：刘叔新（2007）在《东江中上游土语群研究——粤语惠河系探考》里将龙川县的佗城话、老隆话和四都话归为"土语"，视其为东江中上游土语群的一部分，是粤语的一个支系——惠河系。庄初升（2008）把以惠州话为代表的东江流域的"本地话"视为客家方言的一个次类——"老客家话"。邬明燕（2007）则将龙川方言视为客家方言和粤方言之间的一种过渡方言。

目前，关于龙川方言的研究不多，除了《龙川县志·方言》（1994）中有简单粗略而且多不准确的介绍外，笔者所搜集到的正式发表的涉及龙川方言的论文有侯小英（2008b）的《广东龙川县佗城客家方言音系》；刘立恒、练春招（2010）的《河源水源音的体貌系统》谈到了龙川老隆口音的动词体貌范畴；刘立恒（2010）的《广东龙川佗城话中的后置时间副词》和严修鸿（2010）的《河源惠州"本地话"语言特点概略（二）》；温昌衍（2011）的《龙川话属于客方言补证》以《汉语方言词汇》1230个基本词语为例，将龙川话与梅县话、广州话进行比较，结果表明，龙川话与梅县话核心词和基本词的相同率高于它与粤方言的相同率。

还有一些尚未出版的硕士、博士论文以龙川方言为研究对象，如：侯小英（2005）的《龙川方言的南北比较研究》对龙川方言的语音面貌作了一次较为全面的考察，但没有涉及语法方面的研究；刘立恒（2007）的《龙川客家方言时间副词研究》较为全面地考察与研究了龙川客家方言中的时间副词；侯小英（2008a）的《东江中上游本地话研究》对东江中上游本地话的语音、词汇特点进行了较为全面系统的考察。

一些学者的著作也有部分和龙川方言相关的内容，如练春招、侯小

英、刘立恒（2010）的《客家古邑方言》详细地描绘了河源水源音的语音、词汇、语法系统，并将水源音定性为客家话。刘叔新（2007）的《东江中上游土语群研究——粤语惠河系探考》对龙川县四都、老隆和佗城三镇的方言也作了一定的描绘。

三、龙川客家话的音系

1. 声母（21个）

p	斧扁帮八	pʰ	剖刨潘拔	m	武满门物	f	火苦红福	v	禾乌换屋
t	道都钉搭	tʰ	道太汤毒	n	泥难脓			l	路老龙绿
ts	精组曾摘	tsʰ	次造抢族			s	丝线送锡		
tʃ	主趾张粥	tʃʰ	齿丈虫直			ʃ	收舌晓雄		
k	谷街讲脚	kʰ	桥柜共菊	ŋ(ȵ)	芽耳魏热	h	害好幸学	Ø	矮安暗烟
j	也远益勇								

说明：

（1）ŋ 和 ȵ 是同一音位的条件变体：ŋ 只与开口呼和合口呼韵母相拼，ȵ 只与齐齿呼韵母相拼。

（2）齐齿呼的零声母音节前带有轻微摩擦。

2. 韵母（56个）

ɿ	祖丝	i	纸撕椅	u	布户
a	花家	ia	借邪		
ɛ	鄙界				
ɔ	过河火	iɔ	茄		
ai	买戒解				
ɛi	米筛	iɛi	□动作缓慢		
ɔi	盖灰	iɔi	□疲倦□抓痕		

（续上表）

		iui	锐	ui	杯跪
au	草高	iau	笑尿		
ɛu	斗走	iu	秋收丑		
am	贪敢				
ɛm	暗森	iɛm	捡点	im	深音
an	栏散				
ɛn	层肯	iɛn	变千		
ɔn	短欢	iɔn	健全		
in	民证	iun	润云	un	稳裙
aŋ	生耕	iaŋ	镜岭		
ɔŋ	汤巷	iɔŋ	凉让		
		iuŋ	浓绒	uŋ	送用
ap	杂鸭	iap	接碟		
ɛp	鸽盒	ip	立湿		
at	辣八	iɛt	热节		
ɛt	北贼	it	实力		
ɔt	渴脱	iɔt	月缺		
		iut	域	ut	骨出
ak	白隔	iak	迹壁		
ɔk	落桌	iɔk	脚略		
		iuk	育玉	uk	读竹
m̩	吴唔不				

说明：

（1）i 作韵尾时较松，尤其在韵母 ɛi 中，舌位较低，音值近 I 或 e。

（2）iɔn、iɔt 发音接近撮口呼 yɔn、yɔt。

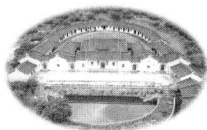

3. 声调（单字调6个）

阴平44	天开大酿	阳平52	穷娘文云
上声24	比走女老		
去声31	近店坐正		
阴入13	黑插客日	阳入3	食杂俗拍

4. 连读变调

老隆话两字组如发生连读变调，往往后字不变，前字变。各调类连读变调情况如下：

（1）前字阴平，不管后面加的是哪一调类的字，均不变调。阳入作前字时，一般不变，但有时也可变读为 [5]，无明显规律。

（2）前字阳平，在去声前由强降调 [52] 变读为 [31]，在其他调类前一般变读为低平 [11]，如：

阳平 + 阴平：来宾 [lɔi$^{52-11}$pin^{44}]

阳平 + 阳平：来源 [lɔi$^{52-11}$ȵiɔn^{52}]

阳平 + 上声：锣鼓 [lɔi$^{52-11}$ku^{24}]

阳平 + 去声：来路 [lɔi$^{52-31}$lu^{31}]

阳平 + 阴入：牛骨 [ŋɛu$^{52-11}$ku^{13}]

阳平 + 阳入：来历 [lɔi$^{52-11}$liak^{3}]

（3）上声字在前，不管后面加的是哪一调类的字，均读为高平调 [55]，如：

上声 + 阴平：火星 [fɔ$^{24-55}$sin^{44}]

上声 + 阳平：火炉 [fɔ$^{24-55}$lu^{52}]

上声 + 上声：火把 [fɔ$^{24-55}$pa^{24}]

上声 + 去声：火箭 [fɔ$^{24-55}$tsiɛn^{31}]

上声 + 阴入：粉笔 [fun$^{24-55}$pit^{13}]

上声+阳入：狗肉 $[k\varepsilon u^{24-55}\eta iuk^3]$

（4）去声字在前，变读为中高平 $[44]$，如：

去声+阴平：大专 $[t^hai^{31-44}t\int on^{44}]$

去声+阳平：大人 $[t^hai^{31-44}\eta in^{52}]$

去声+上声：大写 $[t^hai^{31-44}sia^{24}]$

去声+去声：大象 $[t^hai^{31-44}si\mathfrak{I}\eta^{31}]$

去声+阴入：大约 $[t^hai^{31-44}i\mathfrak{I}k^{13}]$

去声+阳入：大学 $[t^hai^{31-44}h\mathfrak{I}k^3]$

（5）阴入字在前，调值由 $[13]$ 变为 $[5]$。

阴入+阴平：国家 $[k\varepsilon t^{13-5}ka^{44}]$

阴入+阳平：作文 $[ts\mathfrak{I}k^{13-5}mun^{52}]$

阴入+上声：谷种 $[kuk^{13-5}t\int u\eta^{24}]$

阴入+去声：竹蔗 $[t\int uk^{13-5}t\int a^{31}]$

阴入+阴入：竹壳 $[t\int uk^{13-5}h\mathfrak{I}k^{13}]$

阴入+阳入：竹叶 $[t\int uk^{13-5}i\varepsilon p^3]$

023

第五节　本书语料来源及相关说明

一、收集材料的方法

（1）实地调查。

对于各地客家话疑问句的实地调查有三种形式：一是实地专题询问调查，选定合适的调查对象，然后举几个例句，让调查者说出当地存在的各种说法，中间再加以适当的引导，争取获得更多的材料。二是实地集体调查，在亲友、同学团聚时，提出自己的调查项目，让大家讨论当地比较地道、流行的说法。三是实地专题暗中调查，在调查前设计好所要调查的项

目，引导被调查者说出所要调查的内容，如有时去当地菜市场或小店购物，通过与店主交流或旁听店主与顾客对话的方式，充分调查当地人在自然状态下所选择的疑问句式。

（2）问卷调查。

设计两种类型的调查表（见附录），一种是简易版，只针对正反问句；一种是详细版，包括整个疑问系统，用于深入调查。预调查是在中山大学南方学院2013、2014级汉语言文学专业的200余名学生中进行的，利用问卷和录音在短时间内得知各地方言疑问句的大概类型，然后甄选有价值的方言点进行深入调查。笔者初期详细调查过的有龙川的13个镇（老隆、佗城、四都、紫市、鹤市、通衢、麻布岗、廻龙、赤光、细坳、车田、龙母、上坪）。然后对客家话展开调查，对于广东省的客家话，一般都采用了详细版的调查表：①梅惠小片的有：梅县（松口镇），大埔，兴宁（合水镇），惠州（汝湖镇、长宁镇、福田镇），东莞（樟木头镇），增城（正果镇）等8个点；②龙华小片的有：丰顺（八乡山镇），紫金（九树镇、义容镇），和平（阳明镇、东水镇、下车镇），连平（大湖镇），东源（顺天镇），新丰（丰城镇、马头镇），揭阳（河婆街道）11个点；③海陆片的有汕尾陆河（水唇镇）；④粤北片的翁源（龙仙镇），始兴（太平镇），阳山（秤架瑶族乡），乳源（乳城镇），南雄（雄州街道）5个点。江西省的客家话宁龙片寻乌（长宁镇）也是采用详细版的调查表，其他地方则是采用简易版的调查表，包括南康（大坪乡），赣县（梅林镇），崇义（过埠镇），大余（南安镇），信丰（坪石乡），安远（鹤子镇）等6个点。

（3）通信调查。

利用各类通信工具与调查对象联系，对于一些例句进行复核和补充调查。

本书所使用的语料主要来自笔者在家乡龙川及其他方言点的语言调查，引用他人的语料皆一一注明了出处。问卷是在参考了黄伯荣（1998）、刘丹青（2003）等人关于疑问句范畴调查的基础上自制而成的。

因为龙川县各镇的疑问句同中有异，本书的例子主要采用龙川县城老隆镇的说法，涉及其他镇的方言一般都会注明。

二、体例说明

（1）本书所用的方言语料一般采用本字标写；有音无字的音节，就用同音字代替；如无相应的同音字，就采用所见文献中约定俗成的写法；如无相应的同音字，也无约定俗成的写法，就用虚缺号"□"代替，并在后面用宽式国际音标注音。

（2）本书的方言例句一般都在后面加上相应的普通话翻译。

（3）例句前面加注"＊"号表示不合乎该方言的语法规则或当地没有这样的说法。句首的"?"表示这个句子的可接受性差。

（4）本文所使用的符号。

VP：谓词；

S：句子；

neg：否定成分；

a：情态动词；

F：疑问副词/发问词，有些著述中用 K 表示，本书统一为 F；

PRT：句末语气词；

Ad：副词；

"（）"内的成分：解释说明或是可有可无的词语。

（5）各章节的例句编号自为起讫。

（6）常见的词语标音及注释。

厓（偓）：我（第一人称）（代词）；

伊 [i²⁴]：这，这里（代词）；

迎 [iaŋ³¹]：这，这里（代词）；

改 [kɔi²⁴]：那，那里（代词）；

摎 [lau⁴⁴]：和（连词）；

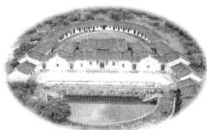

雅（喠）［ŋa⁴⁴］：我的（代词）；

个［i⁴⁴］：的，地（结构助词）；

啡［fɛi⁵²］：还（副词）；

眛［mɛi³¹］："唔系"的合音，相当于"不是"。

惹［ȵia⁵²］：什么（代词）；

枚［mɔi³¹］："唔爱"的合音，相当于"不要"。

引用他人所举之例，均一一注明所出自的文献；借鉴他人观点的，都一一作了说明；引文一般也注明了作者和出版时间。

由于不同的论文描写声调使用的标记方法不同，有些使用调型，有些使用调值，有些使用调号，为便于比较，我们在引用时统一改为调值法标记。

第二章　龙川（老隆）客家话的疑问系统

本章我们主要探讨龙川（老隆）客家话的结构类型，包括特指问句、是非问句、选择问句和正反问句等，同时也对比较有特色的功能类型——反问句进行描写（见表2-1）。

表2-1　龙川客家话的疑问系统

	类型		回答方式	疑问程度
疑问句	特指问句		就疑问词作答	中性问
	选择问句		从 X、Y 两个选项中作答	
	正反问句	正反选择问句	从 X 和非 X 中作答	
		正反问句		
	是非问句		从"是"与"非"中作答	测度问
	反问句			反诘问

第一节　特指问句

特指问句，又叫疑问词疑问句，是含有疑问代词"什么、谁、哪、怎么、怎样、多少、几"等的疑问句，要求对方就疑问词所询问的内容作出回答，疑问焦点也是疑问代词。

一、特指问句的类型

根据疑问代词出现的情况，将老隆客家话的特指问句分为两大类：一类是由疑问代词表示疑问焦点的一般格式；一类是不使用疑问代词，靠语境来表示疑问焦点的简略格式。

（一）特指问句的一般格式

这种格式一般是指由疑问代词表示疑问焦点，并要求针对疑问代词作出回答的问句，语气词不是必需的，可以带也可以不带，不带语气词时句子会显得有点生硬，以下根据所问对象的不同进行分类：

1. 问人

询问人通常可以用"奈只"［nai$^{31-44}$ tʃak^{13}］（谁），有时也可以用"惹人"［ŋia$^{52-31}$ ŋin^{52}］（什么人）。"奈只"常可合音为［nak^{31}］，"惹人"用于句中常有抱怨、责备等语用色彩。"奈只"和"惹人"在句子中可以充当主语、宾语和定语。

（1）作主语。

①奈只系阿三？改只系阿三。（哪个是阿三？那个是阿三。）

②割禾改下咿奈只得闲撩你嬲啊？（割稻子时谁有空跟你玩哪？）

③惹人在改唱歌咿？（什么人在那唱歌？）

（2）作宾语。

④渠系奈只？渠系雅哥。（他是谁？他是我哥。）

⑤你跟奈只啊？（你找谁？）

⑥你到底想跟惹人？（你到底想找什么样的人？）

（3）作定语。

⑦着红衫个妹仔系奈只个同学啊？（穿红衣服的女孩是谁的同学啊？）

2. 问事物

老隆话的"惹"［ŋia^{52}］相当于普通话的"什么"，在句子中可以充当主语、宾语和定语。

（1）作主语。

⑧惹在改紧飞？（什么东西老在那飞？）

⑨惹最好食？（什么最好吃？）

（2）作宾语。

⑩你怨惹？（你抱怨什么？）

⑪你想食滴惹？（你想吃点什么？）

（3）作定语。

⑫今晚晡你着惹衫？（今晚你穿什么衣服？）

"惹"作定语加在名词或名词性词组前面，构成偏正结构，询问有关的事情或事物。又如：

⑬你跟我有惹事哦？（你找我有什么事啊？）

⑭医生搣你开欵惹药啊？（医生给你开了什么药啊？）

3．问时间

这类问句的疑问词有"几时"［ki²⁴⁻⁵⁵ ʃi⁵²］（什么时候）和"几久"［ki²⁴⁻⁵⁵kiu²⁴］（多久），"几时"用来询问时点，"几久"用来询问时段，在句子中经常可以充当状语，也可以充当定语和补语。

（1）作状语。

⑮你几时去广州哦？（你什么时候去广州啊？）

⑯差不多开学噜，你几时转哪？（差不多开学了，你什么时候回来啊？）

⑰你几久转一次屋下哦？（你多久回一次家啊？）

（2）作定语。

⑱几时个报纸开始有广告啊？（什么时候的报纸开始有广告啊？）

⑲改只花瓶有几久历史哦？（那个花瓶有多长历史啦？）

（3）作补语。

⑳你打算等渠等到几时啊？（你打算等他等到几时啊？）

㉑你在广州住欸几久啊？（你在广州住了多长时间了？）

4. 问处所

"奈伊"［nai⁴⁴i²⁴］、"奈滴伊"［nai⁴⁴tit¹³i²⁴］询问处所，相当于普通话的"哪里"，在句中可以充当主语、宾语和定语。

（1）作主语。

㉒奈伊有西瓜卖？（哪里有西瓜卖？）

㉓奈滴伊冇咁热？（哪里没有那么热？）

（2）作宾语。

㉔你在奈伊呀？（你在哪里啊？）

㉕国庆你想去奈滴伊呀？（国庆你想去哪儿呀？）

（3）作定语。

㉖广州奈伊个衫裤最便宜？（广州哪里的衣服最便宜？）

㉗龙川奈滴伊豆腐较好食？（龙川哪里的豆腐比较好吃？）

5. 问目的、原因

"做惹"［tsɔ³¹⁻⁴⁴ȵia⁵²］后接谓语动词，询问原因，相当于普通话的"为什么"，在句中通常充当状语。

㉘你做惹在改叫嘴啊？（你为什么在那哭啊？）

㉙你做惹唔答渠啊？（你为什么不理他啊？）

㉚渠做惹发咁大脾气啊？（他为什么发那么大脾气啊？）

6. 问方式

"样般"［iɔŋ³¹⁻⁴⁴pɔn⁴⁴］、"浪般样"［lɔŋ³¹⁻⁴⁴pɔn⁴⁴iɔŋ³¹⁻⁴⁴］用于谓语动词前（有时也可以省略谓语动词），可以用来询问动作方式和事物情状。如果是询问动作方式，通常充当状语。

㉛𠊎样般去？（我怎么去？）

㉜猪肉样般切？（猪肉怎么切？）

㉝𠊎浪般样讲你正会信𠊎哩？（我怎么说你才会相信我呢？）

如果是询问事物情状，可以充当谓语、宾语、定语或补语。

（1）作谓语。

㉞𠊎感冒好欸噜，你浪般样？（我感冒好了，你怎么样？）

㉟你今下身体浪般样？（你现在身体怎么样？）

（2）作宾语。

㊱你来今觉得浪般样？（你现在觉得怎么样？）

㊲𠊎爱浪般样正考得倒大学？（我要怎样做才能考得上大学？）

（3）作定语。

㊳样般里个老师正系好老师？（什么样的老师才算是好老师？）

（4）作补语。

㊴你个英语学倒样般里？（你的英语学得怎么样？）

㊵渠个作业写倒浪般样？（他的作业写得怎么样了？）

7. 问数量

老隆话询问数量一般用"几多"［ki$^{24-55}$tɔ^{44}］。

㊶你有几多本书？（你有多少本书？）

㊷伊本书几多吊钱？（这本书多少钱？）

㊸你晚晚几多点钟睏哪？（你每天晚上几点睡啊？）

如果读快的话，"几多"也可以发成□［kiɔ^{52}］。如上例也可以说成："伊本书□［kiɔ^{52}］钱？"如果是不可数名词，前面的"几多"不能合音，如：

㊹桶改啡有几多水哦？（桶那里还有多少水啊？）

㊺你啜欸□［kiɔ^{52}］杯水？（你喝了几杯水？）

㊻＊你啜欸□［kiɔ^{52}］水？

㊼你啜欸几多水？（你喝了多少水？）

另外，如果询问的数量比较大的话，“几多”通常也不能合音，如：

㊽中国有几多人？（中国有多少人？）

㊾＊中国有□［kiɔ^{52}］人？

㊿你屋下有□［kiɔ^{52}］人？（你家有几口人？）

8．问程度

老隆话问程度的疑问代词是“几”［ki^{24}］，后接形容词，作状语，相当于普通话的“多”，如：

(51)伊条河有几深哦？（这条河有多深啊？）

(52)你几了解渠哦？（你有多了解他呢？）

(53)你个仔有几高啊？（你儿子长得多高了啊？）

“几”在陈述句和感叹句中也可以用作程度副词，如：

(54)渠来今身体不知几好！（他现在身体好极了！）

(55)你老妹走几□［kiak^{13}］咿！（你妹妹走得多快啊！）

综上所述，一般特指问句是指由疑问代词表示疑问信息的问句，所以这类句式跟疑问代词密切相关。疑问代词小结如表2－2所示：

表2－2　龙川（老隆）常用疑问代词表

项目	老隆话	普通话
问人	奈只［nai$^{31-44}$tʃak^{13}］、 惹人［ȵia$^{52-31}$ȵin^{52}］	谁、什么人
问事物	惹［ȵia^{52}］	什么
问时间	几时［ki$^{24-55}$ʃi^{52}］、 几久［ki$^{24-55}$kiu^{24}］	什么时候、多久
问处所	奈伊［nai^{44}i^{24}］、 奈滴伊［nai^{44}tit^{13}i^{24}］	哪里
问目的、原因	做惹［tsɔ$^{31-44}$ȵia^{52}］	为什么

（续上表）

项目	老隆话	普通话
问方式	样般〔ioŋ³¹⁻⁴⁴ pɔn⁴⁴〕、浪般样〔lɔŋ³¹⁻⁴⁴ pɔn⁴⁴ioŋ³¹⁻⁴⁴〕	怎么、怎样、怎么样、什么样
问数量	几多〔ki²⁴⁻⁵⁵ tɔ⁴⁴〕	几、多少
问程度	几〔ki²⁴〕	多

（二）特指问句的特殊格式——简略式

不用疑问代词，而由语气词"哩"或"咯"加在 NP 或 VP 后提出疑问，是客家方言特指问的简略形式。"哩"和"咯"相当于普通话的"呢"。"哩"和"咯"经常可以互换，但是使用"哩"的句子通常读升调，使用"咯"的句子通常读平调，相比之下，使用"哩"的问句的疑问程度比使用"咯"的要强一些。

1. "（S），NP + 哩/咯？"

从形式上看，这种句式和是非问句相似，都是在句末加上表示疑问的语气词，但是不能像对简单的是非问句那样回答肯定或否定，必须对潜在的疑问焦点（即省略的疑问代词）进行有针对性的回答。

这种类型很常见，我们把它归纳为"（S），NP + 哩/咯？"。"NP + 哩/咯？"承接上文先导句 S 而来；先导句 S 既可以是提问者的语句，也可以是回答者所言，还可能是语境隐含；在句子结构上，S 可以是各类主谓句、非主谓句。"NP + 哩/咯？"一般与 S 构成对举关系，根据前文询问状况，即"NP 怎么样"，而"状况"的具体所指（即疑问焦点）取决于前句的陈述对象和焦点信息。

当"NP + 哩/咯？"是始发句时，通常询问处所，即"NP 在奈咹"或者"NP 到奈咹去了"，如：

㊱雅爸哩？（我爸呢？／我爸哪去了？）

㊲𠊎改条乌色个裤哩？（我那条黑色的裤子呢？）

上面几个例子都有潜在的疑问代词"奈"，疑问焦点是处所。

当"NP+哩/咯?"是后续句时，询问的是状况，即"NP怎么样?"，疑问焦点根据前句的内容而定，可以询问时间、人物、看法等。

(58)俚晨早日考完试，渠咯?（我明天考完试，他呢?）（问时间）

(59)俚中意食面，你哩?（我喜欢吃面，你呢?）（问对象）

(60)你老弟系大学生，你咯?（你弟弟是大学生，你呢?）（问身份）

(61)俚觉得渠咁样唔好，你哩?（我觉得他那样不好，你呢?）（问看法）

(62)俚五一想去海边嫽，你类咯?（我五一想去海边玩，你们呢?）（问打算）

2. "（S），VP+哩/咯?"

通常提问者的前句S表明一定的观点，然后提出另一个相关选项，看回答者对于这一选项有什么看法。"VP"一般都是动宾词组，回答也不能是简单的肯定或者否定，而是要针对暗含的疑问焦点"怎么样"来作答。

(63)(去广州不好,) 去深圳哩?

(64)(这件红色个不好,) 换件来哩?

(65)(搭车晓晕,) 行路去哩?

"VP+哩/咯?"经常可以表示一种假设条件的疑问句，与"NP+哩/咯?"相比，"VP+哩/咯?"所表示的疑问点只有一种，意思是"如果VP，那么该怎么办/怎么样?"

(66)渠明早唔在屋下哩?（他明天要是不在家怎么办呢?）

(67)车系话半路潦欵咯?（车要是半路坏了呢?）

语气词"哩"和"咯"前面的语言片段是一个假设复句的条件部分，其结果部分在口语中被隐去了，如果将关联词补足，完整的句子如下：

(68)改类钱系话唔见欵，样般好咯?（那些钱如果不见了，该怎么办呢?）

(69)系话俚明早出广州，你咯?（如果我明天去广州，你去不去/你怎么办?）

⑦车系话半路漻欸，样般好咯？（车要是半路坏了，怎么办呢？）

二、特指问句的句末语气词和回答

一般特指问句的疑问信息主要由疑问代词承担，所以句子中的语气词不是必需的，如：

⑦你系哪只？（你是谁？）

⑦你在奈行稳？（你在哪走着？）

⑦你几时来？（你什么时候来？）

但是这样发问时，语气通常显得比较生硬，加上语气词会有所缓和，如"你系哪只哦？"听起来要比前句温和有礼，所以特指疑问句经常会在句末出现语气词"啊""哦"等。从信息论的角度来看，这些语气词都是羡余信息，但从表达的角度来看，这些语气词使得问句的语气变得缓和、委婉，回答者更易于接受，因此并不是多余的。

然而，在不带疑问代词的特殊特指问句中，如"□[kʰia⁵²]爸哩？""改类钱系话不见咯？"等，如果将这些句子中的语气词"哩"或"咯"删去，它们就不是一个特指疑问句了，所以这一种格式的问句中语气词是必不可少的。

对于特指问句，既不能简单地作肯定或否定的回答，也不能像对选择问句、正反问句那样作选择性回答，一般在回答时给问句里的疑问代词代入具体的值，如：

⑦甲：你去奈？（你去哪？）

乙：偃去学校。（我去学校。）

如果问句是针对第三方或其他事物，听者不知道、不了解、不清楚，也无法具体明确地回答，或者知道也不说，那就只能回答"唔知得"（不知道）、"唔了解"（不了解）、"唔清楚"（不清楚）等。

035

第二节　是非问句

是非问句是需要对方作出肯定或否定回答的问句形式。普通话的是非问句通常分为一般是非问句和求证性是非问句，一般是非问句是指纯客观的询问，提问者对所表达的内容预先没有肯定或否定的认知，完全需要对方来认定，句末常用语气词"吗"。求证性是非问句是提问者对所陈述的内容已有一些个人倾向，但是没有绝对的把握，故需要通过询问来求证或确认，句末常用语气词"吧"。老隆话中的是非问一般不表中性询问，只表求证性疑问。

一、是非问句的类型

是非问句一般是靠疑问语调、疑问副词或疑问语气词来传达疑问信息。老隆话中的是非问句可分为语调型是非问句和疑问语气词型是非问句两种。

（一）语调型是非问句

语调型是非问句用句尾趋升的句调形式（记作↗），即用升调来传达疑问信息。这类问句可以看成由一个命题（S）和一个升调构成，即"S+↗"。

这类问句的预设是构成该问句的命题S，比如"渠跟𠊎？（他找我？）"的预设是说话者听别人说"渠"找过自己。这个问句疑问程度较低，通常用来求证自己已经认知到或有把握的事物，或者对眼前事态的某种估计的回应性求证，要求交际对方附和或期待对方作出更明确的解释回答。答话人可以用"系啊"来作答，表示同意提问者的推测，也可以用"唔系（啊）"作否定回答。

⑦问：你啡系爱走？𠊎都煮欸你个饭噜！

（你还是要走？我都煮了你的饭了！）

　　答：系，𠊎爱走。／唔系啊，𠊎唔走。

　　（是，我要走。／不，我不走。）

⑦⑥问：渠唔肯去？（他不肯去？）

　　答：系啊，渠唔肯去。／唔系啊，渠肯去啊。

　　（是啊，他不肯去。／不是啊，他肯去的。）

⑦⑦问：几多菜你都食得落？（多少菜你都吃得下？）

　　答：系，□［aŋ³¹］多菜𠊎都食得落。／唔系，𠊎食唔落几多。

　　（是，再多的菜我都吃得下。／不是，我吃不了多少。）

⑦⑧问：渠啡系撩原来咁后生？（他还是像以前那么年轻？）

　　答：系，好后生。／唔系，睇去老欸好多。

　　（是，很年轻。／不是，看上去老了很多。）

语调型是非问句中还有一些句子带有一定的反诘语气，一般是提问者对所听到的信息表示诧异、惊讶、怀疑，并且希望得到证实，疑问程度较低。例如：

⑦⑨你系律师？好厉害哦！（你是律师？太厉害了！）（表诧异）

⑧⑩今晡夜唔使上夜课？真哩呀？（今晚不用晚自习？真的吗？）（表惊讶）

⑧①你唔想读大学，想去深圳做工？（你不想读大学，想去深圳打工？）（表惊讶）

⑧②你敢话伊本书系你个？明明写倒有𠊎个名！（你敢说这本书是你的？明明写了我的名字！）（表怀疑）

一般来说，老隆话"S + ↗"型是非问句有时候语气显得比较生硬，需要在特定的语境中使用，否则回答者会觉得不礼貌或者态度不友好。

（二）疑问语气词型是非问句

陆俭明（1984）认为普通话的疑问语气词为"吗""呢"和半个"吧"。老隆话是非问句中常用的疑问语气词有"啊""哇""哩"等，有

些镇的年轻人中还常用一个语气词"咩",应该是来自粤语。

1. "S + 啊 $[a^{31}]$?"

在调查的过程中,虽然老隆的几个发音人都用"啊"来对应普通话中的"吗",但实际上二者用法并不相同。彭小川(2006)指出,普通话是非问句中"吗"有两种不同的用法:"吗$_1$"用于中性问句,"吗$_2$"用于诧异问句或反诘问句。老隆话的中性询问一般采用"阿VP"的形式,老隆话是非问句中的"啊"没有"吗$_1$"的用法,相当于"吗$_2$",常用于表示提问者对于某事事先已经有了一定的了解或估计,希望向听话者求证,而这种求证只是一般的,不带有过多主观色彩,感情也不太强烈。如:

	普通话	老隆话
吗$_1$	你明天去吗?(去。/ 不去。)	你明早日阿去?(去。/唔去。)
吗$_2$	你明天去吗? (是,明天去。/不是,我后天去。)	你明早日去啊? (系,明早日去。/唔系,倻后日去。)

从发音来看,受前面音节末尾音素的影响,语气词"啊"也会发生音变,前鼻音后面发 $[na]$,后鼻音后面发 $[ŋa]$,元音韵尾后面发 $[la]$。

㊈你昨晡日下欸老隆啊?(你昨天去了老隆吗?)

㊙你漏忘欸倻啦?(你忘记我了吗?)

㊕你识得改只人哪?(你认识那个人吗?)

㊖渠走欸啦?(他走了吗?)

㊗你过欸河啦?(你过了河吗?)

㊘饭煮好欸啦?(饭煮好了吗?)

㊙你在改做生意啊?(你是在那里做生意啊?)

㊚今天星期五啊?(今天星期五呀?)

㊛□ $[k^hia^{31}]$ 大嫁欸人哪?(他姐姐嫁人了?)

㊜你今朝去行街来啊?(你今天早上去逛街啊?)

以上句子都是提问者对疑问内容有某种程度的预先判断，只是主观上尚不能确定，故而发问求证。

2. "S + 咩 [miɛ⁵²]?"

在对龙川各镇的调查中，我们发现年轻人中普遍存在"S + 咩"句式，"S + 咩"型问句在求证的同时，重在凸显说话人对事件不满、责备的心理，常带有惊讶的语气；而中老年人中，只有车田镇和龙母镇的两位50多岁的居民会说此句式，而且他们都具有外出打工的经历，其他人都是通过升调的方式来表示责备性的求证。

㊡你唔识得𠊎咩？（你不认识我吗？）

㊤你唔知渠去欸北京咩？（你不知道他去了北京吗？）

㊥咁多年噜，你啡唔曾买屋咩？（这么多年了，你还没有买房子吗？）

㊦渠敢唔上课咩？（他竟然敢不上课？）

㊧咁久噜，你啡唔曾捉改本书还转畀渠咩？（这么久了，你还没有将那本书还给他吗？）

"S + 咩"有时也用来表示反诘的语气，如：

㊨咁样神个天气会落水咩？（这样的天气会下雨？）

㊩唔系话正嗷后日去咧咩？（不是说好后天去吗？）

⑩好架世啊！就你正有钱咩？（有什么了不起！以为就你才有钱吗？）

3. "S + 哇 [va⁴⁴]?"

老隆话的语气词"哇"跟普通话中"吧"字的作用类似，疑问语气较弱，表示说话者对所说内容持一种不十分肯定的态度，一般用降调，如：

⑩伊只系□ [ŋia⁴⁴] 妈哇？（这位是你妈妈吧？）

⑩你带唔倒渠哇？（你带不了他吧？）

⑩你醒欸哇？（你醒了吧？）

⑩十二点噜，食欸昼正去哇？（十二点了，吃了午饭再去吧？）

⑩渠不会咁样神做哇？（他不会这样做吧？）

⑩今次你怨唔倒奈只噜哇？（这次你怨不了谁了吧？）

⑩⑦日头咁好，唔会落水哇？（太阳这么好，不会下雨吧？）

⑩⑧咁大个肚胈，差唔多养噜哇？（这么大的肚子，快生了吧？）

⑩⑨你总唔会骗𠊎哇？（你总不会骗我吧？）

如果句末的“哇”换成“啊”或“咩”，疑问语气增强。因为以估测为语义重心，该式通常可添加“大概”“一定”“应该”等词作状语，但疑问语气强的“啊（哪）”“咩”则不能与“大概”“一定”“应该”搭配。

⑪⓪你系老隆人哪（啊）？　＊你大概/一定/应该系老隆人哪？

⑪①你系老隆人咩？　＊你大概/一定/应该系老隆人咩？

⑪②你系老隆人哇？　＊你大概/一定/应该系老隆人哇？

4.“S＋哩［li^{31}］？”

“S＋哩［li^{31}］”句式中的“S”是说话者提出某个建议与听话者协商，征询对方的意见，希望对方能同意自己的观点，这个句式相当于普通话的“吧”。

⑪③𠊎类明早日正去哩？（我们明天才去吧？）

⑪④你摎渠行路转屋下哩？（你和他走路回家吧？）

5.“S＋嗬［$hɔ^{31}$］？”

“S＋嗬［$hɔ^{31}$］”句式中的“S”是说话者提出某个观点或描述某一现象，加上语气词“嗬”表示希望得到听话者的认同与肯定，这个句式相当于普通话的“对吧？”。

⑪⑤新街变倒好靓嗬？（新街变得很漂亮，对吧？）

⑪⑥你今次考试考倒100分，嗬？（你这次考试考了100分，对吧？）

普通话还有一种较特殊的是非问句，即句子本身含有疑问代词，形式上很像特指问句，但疑问代词表示任指或虚指等非疑问用法，句子仍属是非问句，句末有时出现疑问语气助词，有时不出现，老隆话中也有类似的句子，如：

⑰惹都可以食（啊）？（什么都可以吃吗？）

⑱你知得渠奈去啊？（你知道他去哪了吗？）

⑲渠晓得伊条题样般做啊？（他知道这道题怎么做吗？）

⑳你问欵几多钱一斤哪？［你问了（那些）多少钱一斤了吗？］

二、是非问句的功能

邵敬敏等（2010）认为，汉语方言范畴从语用功能角度可以分为七类，分别是一般询问、表求证、表揣测、表征询、表诧异、表疑惑和表反诘等。彭小川（2006a）将是非问句主体类型分为中性问句、诧异问句和求证问句，又将求证性是非问句进行了下位划分，分别是一般回应性求证、不出所料式求证和寻求认同式求证。邵敬敏认为疑问句"在区别'疑惑'和'询问'两大功能的基础上，还必须建立起'求答'的第三功能。……语调是非的疑惑，是倾向于不可思议、不可理解、不以为然，属于'倾否性'的"①。

一般询问属于典型的是非问句，也叫非倾向性是非问句，提问者掌握的信息不足，对问题的答案基本处于未知的状态，无法作出肯定或否定的判断，通过提问来获得答案。在老隆话中，如果提问者只是对事物的实际情况进行客观询问，并没有对答案的肯定或否定状况怀有一定的企望心理，一般是采用"阿VP"的形式提问，我们将在下文论述。

求证性是非问句是指提问者预先对答案的肯定或否定状况怀有一定的期待心理，提问是以求证为目的，有时也会带有一定的感情色彩。揣测性是非问句是指提问者提问的前提是自己估测的，希望对方给予证实。

借鉴各家的划分方法，结合老隆话的实际特色，我们发现老隆话的是非问句没有表示一般中性询问的功能，普通话中的"S＋吗？"句式在老隆

041

---

① 邵敬敏. 是非问内部类型的比较以及"疑惑"的细化［J］. 世界汉语教学，2012（3）：347－356.

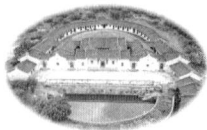

话中一般采用"阿VP"句式来表达,可以用高升的句调来表示倾否的语气,还可以用语气词"啊"[a³¹]、"哇"[va⁴⁴]、"哩"[li³¹]等来表示求证、揣测、征询等语气。具体如表2-3所示:

表2-3 龙川(老隆)话是非问句的功能类别

功能		形式	疑问手段
1. 求证	一般回应式	S + 啊 [a³¹]	疑问语气词
	不出所料式	S + 哩 [li³¹]	疑问语气词
	寻求认同式	S + 嗬 [hɔ³¹]	疑问语气词
2. 揣测		S + 哇 [va⁴⁴]	疑问语气词
3. 征询		S + 哇 [va⁴⁴]	疑问语气词
4. 倾否		S + ↗	高升调
5. 反诘		S + 咩 [miɛ⁵²]	疑问语气词

三、是非问句的疑问焦点和回答

"S + ↗"问句的预设是构成该问句的命题S,比如"渠今晡夜会来?"的预设是"提问者听人说他今晚会来,或者猜测他今晚会来,但还不能确定,为了求得证实而提问",是对于整个命题存在疑惑,无疑问焦点。

"S + 啊?"式问句一般有疑问焦点,疑问焦点通常读重音。根据疑问焦点的不同,回答也不一致,如:

⑫渠今晡夜会来啊?(系渠。/唔系渠。)

(疑问焦点是"渠",想得知是不是这个人。)

⑫渠今晡夜会来啊?(系呀!/唔系,明早晚正来。)

(疑问焦点是"今晡夜",想得知是不是这个时间。)

⑫渠今晡夜会来啊?(系呀!/唔系,渠唔会来。)

(疑问焦点是"会",想得知"渠"的意愿。)

⑫渠今晡夜会来啊？（系呀！/唔来。）

（疑问焦点是"来"，想得知执行的是否"来"这个动作。）

第三节　选择问句

选择问句是提问者提出并列的两项或者多项，让回答者从中选择作答。选择问句的构成要素有三个：选择项、选择关联词、疑问语气词。其中，选择项是必要要素，决定了选择问句之所以为选择问句的性质；选择关联词和疑问语气词不是构成选择问句的必要条件，可以出现，也可以不出现。普通话选择问句常使用"是……还是……"作为关联词，后面可用语气词"呢"，一般不用"吗"，如："你是回家呢还是去学校呢？"老隆话选择问句的结构和普通话相似，但是常用的选择关联词除了"啡系"（还是）之外，还可以用"啊"来连接两个选择项。

一、选择问句的类型

（一）选择问句的结构类型

根据关联词的有无和多少，以及关联词的差异，可将老隆话中的选择问句从形式上分为五种基本类型（X，Y 分别是选择问句的两个选择项）：①X 啊 Y（啊/哩）；②X 啡系 Y；③系 X 啡系 Y；④X 啊啡系 Y；⑤系 X 啊啡系 Y。句末一般是平调。

1. "X 啊 Y（啊/哩）？"

"啊"是具有关联作用的疑问语气词，用于连接选择项 X、Y，语调在第一个选择项的后面明显提升。句末可以加语气词"啊"或"哩"，也可以不加，如果加上语气词"啊"，语气显得稍微缓和一点；如果加上语气词"哩"则更有探究的意味。

㉕输啊赢（啊/哩）？（输还是赢啊？）

㉖三只啊四只（啊/哩）？（三个还是四个？）

㉗奈只去接你啊？爸爸啊妈妈（啊/哩）？（谁去接你？爸爸还是妈妈？）

㉘你今朝去啊今晚去（啊/哩）？（你今天早上去还是今天晚上去？）

㉙你今晚食粥啊食饭（哪）？（你今晚喝粥还是吃饭？）

如果选择项 X、Y 是动宾短语，第二个选项的动词可以省略，如例㉙也可以简略地说成"今晚食粥啊饭哪？"，此类的例子还有：

㉚信你啊信渠（啊/哩）？［信你啊还是他（啊/哩）？］

㉛你搭飞机啊搭火车（啊/哩）？［你搭飞机啊还是坐火车（啊/哩）？］

"啊"有连读音变，音变规则与前文提及的句末"啊"的音变规律意义一样。如："听啊唔听啊？"中"听"的韵尾是［ŋ］，"啊"变读为［ŋa］；"睇书哇出去嬺？"中"书"的韵尾是［u］，"啊"变读为［ua］。

2. "X啡系Y？"

除了可以单独用语气词"啊"来连接两个并列项，还可以用"啡系"（还是）来连接，如：

㉜今日 7 号啡系 8 号？（今天 7 号还是 8 号？）

㉝炒西蓝花啡系荷兰豆？（炒西蓝花还是荷兰豆？）

㉞你明早啡系后日下老隆？（你明天还是后天去老隆？）

㉟渠想考广州个大学啡系外省个大学？（他想考广州的大学还是外省的大学？）

"啊"和"啡系"都可以用于选择问句，语义上没有差别，但在句法和语用上有细微差别。"啊"更倾向于连接正反对比的情况，前后连接的选项通常比较短，以单双音节的词或短语为主，有时带有急促或不耐烦的语用色彩；"啡系"则不受限制。

3. "系X啡系Y？"

㊱你打麻将系输啡系赢？（你打麻将是输还是赢？）

⑬系你去啡系𠊎去？（是你去还是我去？）

⑬渠系读三年级啡系四年级？（他是读三年级还是四年级？）

⑬你系较听阿哥个话啡系较听阿大个话？（你是听哥哥的话还是听姐姐的话？）

4．"X啊啡系Y？"

选择问标记"啊"和"啡系"还经常可以共现，前项X后带疑问语气词"啊"，后项Y前用"啡系"连接，如：

⑭你中意红色啊啡系黄色（啊）？（你喜欢红色的还是黄色的？）

⑭打针较□［kiak³］好啊啡系食药（啊）？［打针比较快好还是吃药（比较快好）？］

⑭坐火车啊啡系搭客车去广州（啊）？（坐火车还是搭客车去广州？）

⑭你想生仔啊啡系生女（啊）？（你想生儿子还是生女儿？）

5．"系X啊啡系Y？"

⑭系你读书啊啡系𠊎读书（啊）？（是你读书还是我读书？）

⑭礼拜六你系行街啊啡系在屋下睇书（啊）？（星期六你是逛街还是在家看书？）

⑭渠生个系仔啊啡系女（啊）？（他生的是儿子还是女儿？）

如果供选择的项有三个或三个以上，一般选择问标记出现在前两项或后两项之间，也可每一项都带选择问标记。

⑭转屋下养猪啊，去广州打工啊，学修电脑啡系补课考大学？（在家养猪，去广州打工，学修电脑还是补习考大学？）

⑭奈只地方较好啊？广州、惠州啡系深圳（啊）？（哪个地方比较好？广州、惠州还是深圳？）

⑭你毕业以后想去惠州啊，广州啊，啡系深圳哪？（你毕业以后想去惠州、广州还是深圳？）

常见的选择问句的选择项，在表面形式上都由两项或有限几项具有相

同属性的选项并列而成，在理论上，并列选择项可以无限多项，但在实际交际中，由三个以上选择项并列而成的选择问句很少见，因为这样的句子既不符合语言交际的经济原则，更不符合人的生理能力，要想表达在语义上存在多个选择项的问句，可以使用相应的疑问代词来表示，如：

⑮⓪你老家系麻布岗啡系奈咿哟？（你老家是麻布岗还是哪里？）

⑮①你想食粥啡系惹哦？（你想喝粥还是什么？）

（二）选择问句的语义类型

根据选择问句中选择项的内在关系，我们可以将选择问句分为平列型和对立型两种，其中对立关系又可以分为正反、反义、颠倒、语境型对立四种形式。

平列型问句是两个或三个选择项在语义上是平行的，如：

⑮②今晚食猪肉好哩啡系食牛肉好哩？（今晚吃猪肉好呢还是吃牛肉好？）

⑮③买衫裤啡系买书？（买衣服还是买书？）

⑮④你最中意个系睇书，啡系行街，啡系听歌欸？（你最喜欢的是看书、逛街，还是听音乐？）

对立型问句一般只有两个选择项，前后项之间形成语义上的明显对立，如：

⑮⑤你究竟来啡系唔来啊？（你究竟来还是不来？）

⑮⑥你店里有西瓜卖啡系有西瓜卖？（你店里有西瓜卖还是没有西瓜卖？）

⑮⑦你爱大只个啡系爱细只个？（你要大的还是小的？）

⑮⑧你中意笨 [pʰun³¹] 个啡系薄个？（你喜欢厚的还是薄的？）

⑮⑨系你打渠啡系渠打你？（是你打他还是他打你？）

⑯⓪你类上课紧都讲话，系听你讲啡系听老师讲？（你们上课老是说话，是听你们讲还是听老师讲？）

例⑮⑤、例⑮⑥属于正反型对立，操老隆客家话的人通常还有两种更常用的说法，一是"你究竟来啊唔来?"，二是"你究竟阿（唔）来?"。前者究竟是选择问句还是正反问句，一直存在争议，后者则是我们下章将要谈到的"阿VP"问句。例⑮、例⑱属于反义型对立，问句中前后项的意义相反。例⑲属于颠倒型对立，前后项用词相同，语序颠倒。例⑯属于语境型对立，前后项只是在一定的语境下才构成对立。

二、选择问句的选择问标记

选择问标记的类型有三种，一是选择连词，二是语气词组合，三是扬抑式句调。老隆客家话选择问句常用的选择问标记是"啊"和"系、啡系（还系）"。

1. 啊

老隆话中的选择问标记"啊"一般用在前后项之间，构成"X啊Y"句式，"X啊Y"有两种读法，一种是"X啊，Y"，"啊"发音稍长，后面可以稍作停顿，句末常加语气词"哩"；一种是"X啊Y"，中间没有停顿，结构一般比较简单。

我们运用陆俭明（1984）所提出的最小对比法进行检测，即通过不同类型的疑问句、疑问句与非疑问句的最小对比，来检测疑问句中语气词的功能。通过比较我们发现选择问句中的"啊"可以独立表达疑问语气，如：

选择问句：今晚食粥啊面?（今晚喝粥还是吃面?）

陈述句：今晚食粥、面。（今晚吃粥、面。）

两句的句末语调均为平调，"啊"放中间表选择疑问，如果将"啊"删去，句子就成为一个陈述句，"粥"和"面"是并列的关系。

前文提到老隆话的是非问句有"S+啊"句式，选择问句中的"啊"与是非问句中的"啊"读音相同，应该是同一个疑问语气词，选择问句中的"X啊"其实就是一个"S+啊"型是非问形式。如：

X：你去北京啊？
Y：你去上海啊？ } X + Y ——→你去北京啊上海（啊）？

该选择问句的前半部分是一个是非问句"你去北京啊？"（不过选择问句中前项后一般要读升调，是非问句则读为平调。）从句子结构和语义来看，"X啊Y"句式可以看成两个是非问句的合并，然后删去两句共同的主语和谓语，X后的"啊"保留，Y后的"啊"可用可不用。但如果选项超过两项，Y后的"啊"不能省略，构成"X啊，Y啊，Z"格式。

⑯你去北京啊？你去上海啊？你去广州啊？——→你去北京啊，上海啊，广州？

"啊"在"X啊，Y"和"X啊Y"两种形式中的功能不完全等同。在"X啊，Y"句里，由于中间存在停顿，"啊"具有黏着性和后附性，属于X项后的疑问语气词；但是在"X啊Y"句里，"啊"具有传疑和连接前后选项的功能，可以表达"选择提问"的语法意义，作用相当于普通话表示提问的选择连词"还是"。可见，"啊"是具有连接功能的疑问语气词，是表达"选择提问"义的结构要素。

2. 系、啡系（还系）

以"是"或"还是"为选择问标记在汉语中广泛使用。根据梅祖麟（1978）的研究，"为"字选择问句出现的时间比较早，后来"为"字普遍被"是"替代；公元5世纪产生了一种在句子动词前上加"是"的句型，这一句型被用到疑问句后，"是"字慢慢变成连接词，阚绪良（1995）认为这种问句最早出现在成书于公元952年的《祖堂集》里，在宋代《五灯会元》中已很成熟。"还是"进入选择问句之前，"还"就已经单独用于选择问句，如：

⑯古人还扶入门，不扶入门？（《祖堂集》卷十一，"保福和尚"）

⑯与摩道，还得剿绝，为当不得剿绝？（《祖堂集》卷十一，"保福和尚"）

后来"还"字渐渐取代"为复"，这就有了"还是"的形式。起初这个"还"是独立的（"还"+"是"），随着"还"的"却"义逐步消失，人们不知道它的来历，就渐渐把"还是"看作一个语词了。客家话中会用"还系"来代替，梅县话还用"也系"来连接：

⑯你打算去渠屋下还系（也系）去学校？（你打算去他家还是去学校？）

⑯渠系广东人还系（也系）湖南人？（他是广东人还是湖南人？）

三、选择问句的句末语气词和回答

（一）选择问句的句末语气词

老隆客家话选择问句的句末语气词一般用"啊"，也常用"哩"，"哩"相当于普通话选择问句中的"呢"。在二十世纪八十年代，学术界曾对"呢"是不是疑问语气词进行讨论。大部分学者认为"呢"是一个负载非是非问信息的疑问语气词，至多只存在着一些羡余的疑问信息，因为选择疑问句本身的句型结构就是一种表疑问的形式。老隆话中的"（系）X（啊/啡系）Y"选择问句结构本身就已经负载了一定的疑问信息，而"哩"则仅使问句多了"提醒"和"深究"的语法意义。"哩"有提醒疑问点的作用，带"哩"比不带"哩"的疑问句多了一层"追根寻底"的意思，意为"到底……""究竟……"，试比较：

⑯你食饭啊食粥？

⑯你食饭哩啡系食粥哩？

显然后者比前者多了"提醒"和"深究"的意味，加了"哩"就是在告诉听话者要特别注意回答这一点。

（二）选择问句的回答

选择问句的提问者希望回答者从选择项中选一项作答，如：

⑯问：你食饭啊，啡系食面？（你吃饭呢，还是吃面？）

　答：食饭。（吃饭。）

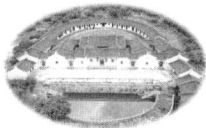

但答者也有就选择项以外作答的，或者将选择项合并作答的，这就是对问者设计的选择项的否定，如：

⑯问：你买衫裤啡系买书？（你买衣服还是买书？）

答1：唔买衫裤也唔买书，买鞋。

（不买衣服也不买书，买鞋子。）

答2：衫裤同书都买。（衣服和书都买。）

从形式上看，老隆话的选择问句可以归纳出两个特点：第一，常用的关联词语有"系""啡系"，有时也可以用"或者"；"系"和"啡系"可以单用，也可以连用。第二，"啊"放在中间起到连接作用；句末常用的语气词有"啊""哩"，能起到舒缓语气的作用。

第四节　正反问句

关于正反问句的定义前面已经论及，此处不再赘述。老隆客家话正反问句常见的有两种类型：一种是"阿VP"型，一种是"neg-VP-PRT"型。

一、正反问句的类型

1. "阿VP"型

老隆客家话"阿VP"问句的构成要素是疑问副词"阿"、语调和疑问语气词。语调一般是平调，也有少数句子在一定条件下是升调。"阿"有两种表现形式：一种是读"阿"［a⁴⁴］，老隆新派普遍都发这个音，部分老派也发这个音；另一种是读"阿唔"［am³¹］，发这个音的以老派居多。

根据"阿VP"在句子中所处的位置，我们将这种问句分成前问句和后问句两种类型。前问句指"阿VP"通常置于句子前面直接提问，如：

⑰你阿知得渠在奈住？（你知道他在哪住吗？）

⑱来今阿有惹办法可以帮渠啊？（现在还有没有办法可以帮他呢？）

⑰你阿昧不见呐钱？（你是不是丢了钱？）

后问句是指在表示肯定或否定判断的陈述句或祈使句后面追加疑问，我们用"S"表示陈述句或祈使句，用"X"来代替"阿"后面可以出现的动词或者形容词，则整个问句的格式为："S，阿 X（哦）？"这种句式往往是提问者就始发句 S 的内容征求对方的意见或希望对方予以证实。其中，"X"常见的词语是"昧""好""得（行）"或"可以"等。

⑰渠一直在改睇电视，阿昧（哦）？（他一直在这里看电视，是吗？）

⑰今晡夜食饱饭撩我出去行下咿，阿好/得/可以（哦）？（今晚吃饱后和我一起出去走走，好不好/行不行/可不可以？）

⑰明早日系街日，你阿知哦？（明天是赶集日，你知道吗？）

例⑰的"阿昧"相当于普通话的"是不"或"是吗"，前面的陈述部分一般是提问者已知的事实，后加"阿昧"表达不满意或不耐烦等想法。例⑰的"阿好""阿得""阿可以"相当于普通话中的"好不好""行不行""可不可以"等，表示希望得到回答者的同意。例⑰是告诉回答者一个事实，进行提醒。

前问句疑问焦点更集中，直接发问；后问句属于附加问，有验证、提醒等意味，语用上显得更加缓和。前问句和后问句后面都可以加上语气词"哦"或者"啊"，如：

⑰a．低出阿昧落水（哦/啊）？（外面是不是下雨？）

　b．低出落水，阿昧（哦/啊）？（外面下雨，是不是？）

2."neg-VP-PRT"型

除了"阿VP"型外，老隆话中还有一种"neg-VP-PRT"型反复问句，这种问句是在谓词前面加上否定词"唔"［m̩⁵²］、"盟"［mɛn⁵²］或"能"［nɛn⁵²］（"盟"是"唔曾"［m̩tsʰɛn⁵²］的合音，用于已然的语境，"能"是"盟"的语音变体），谓词后面必须加上语气词"啊"或"哦"。这个句式读为平调，整个框架结构表示疑问的语气，如果删去前面的否定词和

后面的疑问词，都不能表示中性的疑问语气，如：

⑰渠唔食粥啊/哦？ → （中性疑问句：他喝不喝粥？）

⑱渠唔食粥。 → （陈述句：他不喝粥。）

⑲渠唔食粥？ ↗ （求证性是非问句：他不喝粥吗？）

⑳渠食粥啊？ → （求证性是非问句：他喝粥吗？）

所以，我们认为这个句式的中性疑问语气是借助"neg-VP-PRT"这一结构来形成的。

"neg-VP-PRT"型也有前问句和后问句两种类型。常用的是前问句，如：

㉛小明生倒摎□［kʰia⁵²］爸唔像啊？（小明长得和他爸爸像不像？）

㉜你唔知渠系奈只哦？（你知道不知道他是谁？）

后问句是陈述完某一事件之后，再加上"neg-VP-PRT"，如：

㉝借你个笔用下，唔好啊？（借你的笔用一下，好不好？）

㉞唔准去河唇，唔知哦？（不准去河边，知道不知道？）

"阿VP"型正反问句和"neg-VP-PRT"型正反问句二者在表义上没有区别，都是表示中性询问，"neg-VP-PRT"比"阿VP"更依赖句末语气词，通常与句末语气词共现，读为平调。

除了上述两种类型之外，还有一种特殊的语气词型反复问句，前面的成分是陈述句，后加语气词"嗬"［hɔ³¹］、"哈"［ha²⁴］。这种疑问句通常是说话者提一个建议或者陈述一个事件，希望得到听话者的共鸣，疑问语气比较弱，故本书不重点讨论，只引数例，如：

㉟你明早日正去学校，嗬？（你明天才去学校，是不是？）

㊱伊本书好好睇，嗬？（这本书很好看，是不是？）

㊲他转欸噜，嗬？（他回去了，是吧？）

㊳𠊎类走噜哇，哈？（我们走吧，行不行？）

二、正反问句的时体

1. 未然体

未然体正反问句是指对未实现的情况的询问，普通话正反问句通常用"VP 不 VP"来提问，老隆话是直接用发问词"阿"提问，下文所引的例子多数属于这种类型，此处不赘述，只举两例：

⑱你阿去？（你去不去？）

⑲你阿想读大学？（你想不想读大学？）

"neg-VP-PRT"型正反问句的未然体一般是动词前加"唔"提问，后面一般要加上语气词"啊"或者"哦"，如：

⑪小明今晚唔来哦？（小明今晚来不来？）

⑫你唔食饭啊？（你吃不吃饭？）

⑬细老哥唔咳啊？（小孩咳嗽不咳嗽？）

⑭伊件事唔㧎渠讲哦？（这件事和不和他讲？）

2. 已然体

已然体用于询问过去已经发生的动作或事件，或某一性状是否产生变化。普通话正反问句常用"VP 没（有）"和"V 没 VP"两种句式，老隆话则是用"阿曾 [a⁴⁴tsʰɛn⁵²] VP""阿盟 [a⁴⁴mɛn⁵²] VP"或"阿能 [a⁴⁴nɛn⁵²] VP"来提问，句末可带语气词"啦"（语气词"噜"和"啊"的合音），也可不带。"neg-VP-PRT"型问句已然体的否定词是"唔曾" [m̩tsʰɛn⁵²]、"盟" [mɛn⁵²] 和"能" [nɛn⁵²]，句末一定要带语气词"啦"或"咯"（"噜"和"哦"的合音）。

⑲a. 渠阿曾/阿盟/阿能转欸噜（哦）？（他回来了没有？）

　　b. 渠唔曾/盟/能转欸咯？

　　c. *渠曾转欸噜？

　　d. *渠阿转欸噜？

⑲⑥a. 你阿曾/阿盟/阿能买倒票啦？（你买到票没有？）

　　b. 你唔曾/盟/能买倒票啦？

　　c. ＊你曾买倒票啦？

　　d. ＊你阿买倒票啦？

⑲⑦a. 水阿曾/阿盟/阿能沸欻啦？（水开了没有？）

　　b. 水唔曾/盟/能沸欻略？

　　c. ＊水曾沸欻啦？

　　d. ＊水阿沸欻啦？

有时，已然体也包括对行为实现的延续性的询问，即问"是否已经并且正在发生某事"，"VP"指眼前发生的行为，如：

⑲⑧a. 睇下渠阿曾/阿盟/阿能过来（哦）？（看看他过来了没有？）

　　b. 睇下渠唔曾/盟/能过来哦？

　　c. ＊睇下渠曾过来？

　　d. ＊睇下渠阿过来？

⑲⑨a. 你个面咁红，阿曾/阿盟/阿能发烧（哦）？

　　　（你的脸这么红，发烧了没有？）

　　b. 你个面咁红，唔曾/盟/能发烧哦？

　　c. ＊你个面咁红，曾发烧？

　　d. ＊你个面咁红，阿发烧？

3. 曾然体

"阿曾VP"还可以用于询问曾经发生过的动作或事件，句中有表示经历态的时态助词"过"，句末语气词"哦"可有可无；"neg-VP-PRT"型曾然体使用的否定词则是"盟"或"能"，如：

⑳⓪a. 你阿曾去过北京（哦）？（你有没有去过北京？）

　　b. 你阿盟/能去过北京（哦）？

　　c. 你盟/能去过北京啊/哦？

　　d. ＊你阿去过北京（哦）？

⑳a. 渠阿曾在改住过（哦)?（他在那里住过吗?）

　b. 渠阿盟/能在改住过（哦)?

　c. 渠盟/能在改住过啊/哦?

　d. *渠阿在改住过（哦)?

⑳a. 你阿曾见过渠（哦)?（你有没有见过他?）

　b. 你阿盟/能见过渠（哦)?

　c. 你盟/能见过渠啊/哦?

　d. *你阿见过渠（哦)?

三、正反问句的句末语气词与回答

老隆话"阿 VP"问句的末尾常要带上语气词"啊""哦""哩"，语气词不同，语调也不同，如：

⑳a. 你阿去哦? →

　b. 你阿去啊? →

　c. 你阿去啊? ↗

　d. 你阿去哩? ↗

　e. 你阿去啦? →（你还去不去?）

例⑳中 a－d 这四个句子都可以翻译成"你去不去?"或"你去吗?"，但语调及所表示的语气不同。其中 a、b 型读成平调，是日常用得最多的类型，用于一般的中性询问；c 型是后面加语气词"啊"并读成升调，口吻显得比较重，往往带有说话人不耐烦的情绪或愤怒的感情色彩；d 型也读成升调，但语气比 c 型缓和一些，带有一点深究的意味；e 型用于询问是否继续做某事或仍然要做某事。

如果"VP"后不出现语气助词，一般读为平调，稍微含催促的意味，有时还会有逼迫、质问之感，表示希望对方赶紧做出决定，如：

⑳你阿去? [你去不去?（不去的话看我怎么收拾你!)]

⑳你阿同意渠去? [你同不同意他去?（不同意快点说!)]

⑳⑥你阿晓得做伊条题？［你会不会做这道题？（不会的话我就让别人做了！）］

四、正反问句的疑问程度和疑问焦点

1. 疑问程度

一般来说，正反问句表示的是中性询问，提问时信疑各占一半，但由于发问词的不同，疑问程度也会不同。造成疑问程度不同的发问词通常是“阿系”。

老隆话中有两种表示判断性的疑问句：一种是“阿昧”引导的，比较常用；一种是“阿系”引导的。“阿”单独提问时，一般只对谓词（包括动词和形容词）提问；“阿系”或“阿昧”除了对谓词，还能对体词性成分（名词、数量词、代词）、区别词、副词（包括否定副词）和介词等提问，如：

⑳⑦前头行个改只阿昧/系渠？（代词）

⑳⑧今日阿昧/系星期一？（时间名词）

⑳⑨桌咿哩书阿昧/系一共九本？（数量词）

⑳⑩你食888低阿昧/系桃咿？（名词）

⑳⑪你屋下阿昧/系在东□［sak^{3}］？（方位词）

⑳⑫佢个面阿昧/系□［faŋ^{31}］红啊？（形容词生动式）

⑳⑬渠细妹咿阿昧/系亲生个？（区别词）

⑳⑭教室里阿昧/系冇电哪？（否定词）

⑳⑮昨晡夜你阿昧/系唔曾来？（否定副词）

⑳⑯渠阿昧/系摎你借钱？（介宾短语）

表示不能自我控制的动作这类非自主动词①不能直接跟在“阿”的后面，而必须用“阿昧”或“阿系”，这类动词有“死、鼓起、缩、淹没、

---

① 马庆株（1988）将汉语动词分为“自主动词”和“非自主动词”。从语义上讲，自主动词表示有意识或有心的动作行为，即能由动作行为发出者主观决定、自由支配的动作和行为；非自主动词表示无意识或无心的动作行为，即动作行为发出者不能自由支配的动作和行为。自主动词既能用“不”否定，又能用“没”否定；非自主变化动词一般用“没”否定。

漏（丢失）、扁（瘪）、破、漂、跌、崩”等，如：

㉗渠阿昧病咿？（她是不是病了？／她病了吗？）

㉘气球阿昧爆嗷？（气球是不是破了？／气球破了吗？）

“阿昧”“阿系”相当于普通话中的“是不是……”，但二者也存在一些差异，首先从读音上来说，“阿昧”读起来语速较快，二者有合音的趋势，“阿系”发音时偏重于后面的“系”。

其次从所表达的语义和疑问程度来说，“阿昧”更倾向于中性提问，“阿系”则着重于对某件事情的求证或确认，如：

㉙a.　你阿中意渠？

　　b.　你阿昧中意渠？

　　c.　你阿系中意渠？

㉚a.　＊你阿明早来？

　　b.　你阿昧明早来？（中性疑问）

　　c.　你阿系明早来？（求证、确认）

a 型是中性询问，从疑惑程度来看，一般是信和疑各占一半，与普通话中的正反问句相当，通常也与普通话里典型的是非问句相对应。提问者是真正的有疑而问，要求对方作答。在这种问句中，提问者问话之前对结果没有什么预设，“疑”的程度略大些，其信疑度可定为“中性偏疑”。“阿 VP”问句通常以肯定形式出现，是纯粹的“有疑而问”。

b 型也是一般询问，但是疑问程度中“信”的部分比 a 型要多一点，例㉙可能是提问者曾经听别人说过回答者“中意渠”，想要确认一下，但发问时并没有事先想要获得肯定或否定答案的倾向；例㉚中提问者事先知道“你”有可能来，提问的目的是向“你”确认该事，但对于答案也没有预先的期待。

c 型“阿系 VP”的疑问程度一般是“信＞疑”，语义倾向于肯定。当问话人对某一情况完全没有把握时，一般不用“阿系 VP”发问。

可见，老隆话的“F-VP”疑问句中，“F”是决定疑问程度的重要因

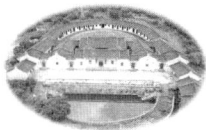

素。就其具体表现形式而言，"F-VP"疑问句可分为两种，一类是单纯的"阿VP"句和"阿昧VP"句，信疑各半，是典型的中性疑问句；一类是"阿系VP"句，着重于求证或确认，通常是"信＞疑"，属于求证性是非问句。但是这种问句如果以否定形式出现，"阿昧VP"和"阿系VP"发问就都变成证实性发问了，如：

㉑你阿昧/系唔中意？（你是不是不喜欢？）

㉒伊本书阿昧/系唔好睇？（这本书是不是不好看？）

㉓你阿昧/系唔去睇电影？（你是不是不去看电影？）

2. 疑问焦点

疑问焦点即疑问句的信息焦点，是问话人不清楚，需要向听话人询问的部分。

㉔你阿昧/系昨晡日转屋下？（问日子）（你是不是昨天回家？）

㉕你昨晡日阿昧/系结婚？（问内容）（你昨天是不是结婚？）

㉖阿昧/系你昨晡日结婚？（问对象）（是不是你昨天结婚？）

发问词前的部分一般并无疑问，如例㉔、例㉕中的"你"是已知的。"当疑问焦点是一个谓词时，谓词本身即是疑问焦点。当谓词带有宾语、补语或状语时，疑问焦点往往落在这些连带成分上。"① 如果连带成分比较多，具体哪一个（哪几个）成分是疑问焦点，则因说话环境不同而不同，常用逻辑重音来表示：

㉗你阿在学校住？（你在不在学校住？）

㉘你阿摎渠借钱？（你向不向他借钱？）

㉙你阿昧/系去北京？（你是不是去北京？）

在"阿VP"疑问句中，如果发问词是"阿"，那么疑问焦点只能跟在发问词"阿"之后，但当发问词是"阿昧"或"阿系"时，发问词和疑

---

① 王琴. 皖北阜阳方言"可VP"问句语义特征［J］. 阜阳师范学院学报（社会科学版），2013（1）：24－28.

问焦点的位置则相对灵活，疑问焦点有时可以置于"阿系"之前，另外也可以通过移动"阿系"来变换疑问焦点，如：

㉚你明早日去广州，阿眜/系？（你明天去广州，是吗？）

㉛你阿眜/系明早日去广州？（你是不是明天去广州？）

㉜你明早日阿眜/系去广州？（你明天是不是去广州？）

㉝阿眜/系你明早日去广州？（是不是你明天去广州？）

第五节 反问句

反问，又叫反诘、激问、诘问。表示反问的句子叫反问句，也叫反诘句。吕叔湘（1990）将"疑"和"问"分开，疑问语气下又分询问、测度、反诘。询问句是疑而且问，测度句介乎疑信之间，反问句有疑问之形而无疑问之实。从句子结构来看，反问句和其他疑问句的形式相同，以下按照不同的结构分别举例分析。

一、是非型反问句

是非句表示反问，常常需要借助词类、语调或语气等手段，其中使用频率较高的是语气副词和一些常用结构。

（一）语气副词

1. 系讲/话

"系讲/话"相当于普通话的"难道""莫非""岂""……不成"，是经常用于反问句的语气副词，既可以用于肯定结构，也可以用于否定结构，用于后者的频率更高一些。

从词语构成来看，"系讲/话"与"难道"也有相似之处，袁劲（1986）认为，"道"本是动词，"难道"表示"难以料到"或"难以想

到"的意思。而老隆话中的"讲""话"也就是"说""道"的意思，"系讲/话"的表面意思相当于普通话的"是说"，在老隆话中起到加强反诘语气的作用。"系讲"和"系话"语义相同，前者使用频率更高，简洁起见，以下例子中一般只用"系讲"一词。

㉞咁暗噜渠啡唔曾转，系讲有惹事？（这么晚了他还没有回来，莫非有什么事？）

㉟都年二十五噜，系讲你类啡唔曾放假？（都年二十五了，难道你们还没有放假？）

㊱系讲你唔知渠旧年已经走啦？（莫非你不知道他去年已经去世了？）

"系讲/话"一般只能用于是非型反问句，加强反问语气，经常和"就""还"等连用。

㊲系讲渠使你去你就去啊？（难道他让你去你就去？）

㊳你系讲啡惶渠唔还钱畀你？（你难道还怕他不还钱给你？）

"系讲/话"在句子中可以放在主语前，也可以放在主语后，如果急于向听话人表明自己的反问语气，通常会放在主语前，例㊳也可以说成："系讲你啡惶渠唔还钱畀你？"

2. "啡"类反问句

老隆话中的"啡"［fɛi^{52}］相当于"还"，常用于反问句。

㊴𠊎都畀渠骂噜，啡敢去跟渠啊/咩？（我都被他骂了，还敢去找他吗？）

㊵渠都话唔去，你啡讲秋咁多做惹喔？（他都说不去了，你还说那么多干什么？）

这些句子中的"啡"除了有反问的语气外，还能表示一定的语义：既可表示动作或状态持续不变，也可以表示语义的递进，如：

㊶车差唔多开了，你啡唔行□［kiak^3］？（车快开了，你还不快点走？）

㊷你信唔过𠊎，啡信唔过阿英姑咩？（你信不过我，还信不过英姑吗？）

(243)你唔晓得写，啡唔晓得睇啊？（你不会写，还不会看吗？）

“啡”后还经常加否定词“唔”，表示说话人对于听话人当前的表现（没有 VP）很不满意，强烈要求听话人执行“VP”这一动作。

(244)咁夜噜，你啡唔瞓觉？（这么晚了，你还不睡觉？）

(245)侄类唔系讲好欸后日去渠改啊/咩？（我们不是说好后天去他那吗？）

(246)你唔系摎渠分欸手噜咩？做惹啡打电话畀渠？（你不是和他分手了吗？为什么还打电话给他？）

(247)都九点钟噜，你啡唔跷身啊？（都九点了，你还不起床吗？）

（二）常用结构

1. 捉过＋陈述小句？

“捉过”是“以为”的意思，表示对后面的陈述小句作出某种论断。现实中，“以为”所作的论断往往不符合事实。老隆话的反问句中用“捉过”表示与后面陈述小句相反的断言，如：

(248)你捉过侄会惶？（你以为我会害怕？）

(249)你捉过你啡细啊？啡爱我摎你睡！（你以为你还小啊？还要我陪你睡！）

(250)你捉过侄想来啊？（你以为我想来啊？）

“捉过”反问句主语没有第一人称的，也极少有第三人称，大多数是第二人称，句末多用语气词“啊”或者“咩”，如果不用语气词则读成升调。

2. V 得 C

(251)煮咁多菜，你一只人食得落啊？（煮这么多菜，你一个人吃得下吗？）

(252)使你唔冇在伊踢球你啡踢，打烂人家玻璃你赔得转啊？（让你别在这踢球你还踢，打破人家玻璃你赔得起吗？）

3. 好意思

(253)你都上班噜，好意思爱人家红包？（你都已经上班了，还好意思要别人的红包？）

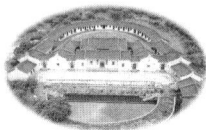

二、特指型反问句

根据反问句中疑问词的不同，常见的特指型反问句分为"惹"类、"奈"类、"何"类、"样般"类等。

1. "惹"类

"惹"作为疑问代词，表示"什么"的意思，反问句中的"惹"也跟询问句中一样可以作主语、宾语、定语，通常是无指的，表示在说话者看来，在某个范围内，没有任何事物符合句子内容的要求。

"惹"作主语的反问句多是否定句，如：

㉔惹你唔晓做喔？（你什么不会做？）

㉕老隆惹冇得卖？奈使带咁多东西？（老隆什么没有卖？哪用带那么多东西？）

㉖卖菜、走摩托惹唔系人做个事喔？（卖菜、跑摩托什么不是人做的事？）

"惹"前面往往还有一个确定范围的成分，如上例中的"你""老隆""卖菜、走摩托"等，相当于"什么都"。"惹冇""惹唔"表示没有什么事物是没有的，即什么都有，例㉖指"什么都是人做的事"。

"惹"作宾语与作主语的语义不同之处在于"任何"的意思不明显，整个反问句表示对于事实或者某种论断的否定，常有劝阻义，如：

㉗𠊎前世争你惹？嫁给你咁受罪！（我前世欠你什么？嫁给你这么受罪！）

㉘咁多人在伊，你惶惹？（这么多人在这，你怕什么？）

㉙又唔昧你考试，你有惹好紧张喔？（又不是你考试，你有什么好紧张的呢？）

㉚有惹好叫喔？（有什么好哭的呢？）

当说话者对听话者的行为或观点不满意，想劝阻对方停止动作或打消念头时，常常用这类形式，例㉘就是让听话者不要怕。"有惹 X"经常用于反问，用来否定某个事实或某种看法，相当于"没有什么……"，X 多为名词性或形容词性成分，如例㉙和例㉚。另外，当听话者想对说话者的提问作出否定回答时，也常用这种形式，如：

㉛甲：你阿去啦？（你还去不去了？）

乙：你都咁话噜，我啡去惹喔？

（你都这样说了，我还去干什么？）

反问句中放在动词后面的"惹"经常用于问动作的原因，不是问事物，如例㉙至例㉛都是问原因，而不是问事物。

"惹"作定语问事物的性质时，通常包含说话者对于该性质的否定：

㉒惹天气啊？又落水！（什么天气啊？又下雨了！）

㉓你开惹玩笑？咁大个细蚊仔使渠自己一只人出去嬲？（你开什么玩笑？这么小的小孩子让他自己一个人出去玩？）

㉔偓类吵交关你惹事？爱你管？（我们吵架关你什么事？要你管？）

另外，重复或引述别人的话时，可以在引述成分前后加"惹"，表示不赞成、不同意，也是反问的语气。引述成分可以是名词性的，也可以是谓词性成分或小句，如：

㉕甲：偓想走噜。（我想走了。）

乙：走惹喔，今晚就在伊食夜噜。（走什么呀，今晚就在这吃饭吧。）

㉖甲：偓捉过你唔去咯。（我以为你不去了。）

乙：惹你捉过，你唔晓问下偓？（什么你以为，你不会问一下我？）

2. "奈"类

老隆话中询问地方的疑问代词"奈"在反问句中已经没有询问地方的意思，专门用来否定，否认事实的可能性。如下面句子中的"奈有"其实是"没有"，"奈敢"其实是"不敢"，"奈知"其实是"不知道"。

㉗你话买屋就买屋，奈有咁容易喔？（你说买房就买房，哪有那么容易呢？）

㉖奈敢使渠带细蚊啊？渠自己搞掂自己都算好噜。（哪敢让他带孩子？他自己照顾好自己就不错了。）

㉗甲：渠去奈去哦？（他去哪里了？）

乙：偓奈知啊？（我怎么知道？）

老隆话的"奈只"是询问人的疑问代词，在询问句中可以位于动词前或后，可以充当主语、宾语或定语。"奈只"在反问句中的分布与它在询问句中的分布是一致的，位于动词前的情况最为常见，其次是在动词或介词后作宾语。

㉘奈只话渠有胆啊？渠一只人都敢去老虎崖！（谁说他胆小？他一个人都敢去老虎崖！）

㉙你咁恶，奈只敢打你喔？（你这么凶，谁敢打你？）

㉚我惶过奈只喔？（我怕过谁？）

㉛有奈只敢得罪你啊？（有谁敢得罪你啊？）

㉜真系好笑，你咁样做对奈只有好处？（真是好笑，你这样做对谁有好处？）

有时"奈只"也可以作定语，后面的中心语在一定条件下还可以省略。

㉝偓伊世人受过奈只个气喔？（我这辈子受过谁的气？）

㉞偓一直都系靠自己，食过奈只着过奈只个啊？（我一直都是靠自己，吃过谁的？穿过谁的？）

在反问句中，说话者认为"奈只"所指称对象的范围内没有人符合句子内容的要求，所以"奈只"是无指的，相当于"没有人"，如例㉙相当于"没有人敢打你"，例㉜相当于"你这样做对谁都没有好处"。

3. "何"类

老隆话中的"何"类反问句不多，使用时也显得比较有书卷气，如：

㉟明早就中考系咯，何必咁紧张啊？（明天不就是中考而已，何必那么紧张呢？）

㉗⑧你讲□［aŋ³¹］多渠也唔听咿，何苦再话渠喔？（你说再多他也不听的，何苦再说他呢？）

㉗⑨咁久世界个事你又何必讲哩？（这么久的事情你又何必说呢？）

4. "样般"类

普通话中的"怎么样"用作反问的情况相对于"什么"较少，老隆话反问句中的"样般"和询问句中的一样，主要位于动词前作状语，如：

㉘⓪渠使𠊎做个事，𠊎样般敢唔做？（他让我做的事情，我怎么敢不做？）

㉘①捉渠个车票㧺啊去，睇渠样般走？（将他的车票藏起来，看他怎么走？）

三、选择型反问句

选择型反问句有三种类型：各项否定、前项否定、后项否定。

各项否定指列举的各项都被否定，如果选择项为三项以上，则语义倾向为全部否定，如：

㉘②你系雅爸啡系雅妈，咁来管我？（你是我爸还是我妈，这样管我？）

㉘③𠊎奈得罪你啊？有畀你食，有畀你着，啡系打你了？（我哪儿得罪你了？没给你吃，没给你穿，还是打你了？）

例㉘②列举的两项用"系……啡系"连接，全部被否定。例㉘③后面列举的几项没有关联词语，全部被否定。

前项否定指否定前一分句，肯定后一分句，如：

㉘④你今下有事也唔有走啦，你说渠个事大，还系𠊎类个事大？（你现在有事也不要走，你说他的事大，还是我们的事大？）

尽管是选择问句的形式，但是说话者的语义十分明确，都是对前者的否定，对后者的肯定。

后项否定是指否定后一分句，肯定前一分句，如：

㉘⑤渠在𠊎屋下住倒唔肯走，你话渠中意𠊎啊中意你咯？（他在我家住得不肯走，你说他喜欢我还是喜欢你？）

㉘系𠊎写啡系你写啊？彻昼在改嘈𠊎。（是我写还是你写？老是在那吵着我。）

四、正反型反问句

因为普通话正反问句是由肯定加否定的形式构成的，所以正反型反问句有前项否定和后项否定两种类型，如：

㉘问问你自己，受得了受不了这样的苦？（前项否定）

㉘你们缺德不缺德？（后项否定）

老隆话中的正反问是"F-VP"形式，没有前项和后项之分，自然也就没有前项否定和后项否定之分，一般都是对"VP"的否定，如：

㉘当紧咁多人个面畀渠骂，你话𠊎阿使见人哪？（当着那么多人的面被他骂，你说我有没有脸见人？）

㉙冇头冇事打人阿好啊？（好端端的就打人对不对啊？）

正反型反问句有一个特点是绝大多数都带有"你话""你睇下""你捻下"等，表示一种责备对方的语义。

小　结

从本章的描述中我们可以看到老隆客家话疑问句系统与普通话疑问句系统的对应关系：老隆话疑问句特指问句的形式基本与普通话一致，只是疑问代词存在差别；选择问句中除了使用与普通话形式基本一致的"系 X 系 Y"和"X 啡系 Y"型问句，还有"X 啊 Y"型，这种类型经常用于前后选择项的音节长度较短时；没有相当于普通话"VP 吗$_1$"的中性是非问句，只有表示求证、反诘、责备或估测的语调是非问句和语气词是非问句。老隆话表示疑问的语气词不发达，只有表示求证语气的"啊"和表示估测语气的"哇"；普通话正反问句的"VP-neg-VP"形式在老隆话中一般不用，与之相对应的"阿 VP"问句的使用却相当广泛，是老隆话疑问句的主要表达方式（见表 2-4）。

表 2-4 龙川（老隆）话与普通话疑问句式对照

普通话疑问类型	表现形式 普通话	例句 普通话	例句 龙川话	表现形式 龙川话	龙川话疑问类型
是非问	求证性问： VP↗? VP+语气词（吧/呀）？	他去？ 你去过他那吧？	渠去？ 你去过渠改哇？	VP↗? VP+语气词（啊/哇）？	是非问
	中性询问： VP+语气词（吗）？	你去吗？	你唔去啊/哦？ 你阿去（啊/哦）？	neg-VP-啊/哦？ 阿 VP（啊/哦）？	
正反问	V 不 V？ V 不？ V 没？ S，V 不 V？	你去不去？ 你去不？ 他去了没？ 你明天去，好不好？	你阿去？ 你阿去？ 渠阿曾去欸噜？ 你明早日去，阿好？	阿 VP（啊/哦）？ neg-VP-啊/哦？	正反问
选择问	X 还是 Y？	输还是赢？ 吃饭还是吃面？	输啊赢？ 食饭啡系食面？	X 啊 Y？ X 啡系 Y？	选择问
特指问	疑问代词+语气词（啊/嘛/呢）？ 疑问代词（语调）？ 非疑问形式+呢？	谁去？ 你吃什么？ 你多高？ 什么？ 我的裤子呢？	奈只去？ 你食惹？ 你几高？ 惹？ 倻个裤哩？	疑问代词+语气词（啊/嘛/哩）？ 疑问代词（语调）？ 非疑问形式+哩？	特指问

067

第三章　龙川话正反问句的类型、特点及探源

　　老隆话的"阿 VP"问句在整个疑问系统中有着重要的作用，一方面对应普通话是非问句中表中性询问的"VP 吗₁"，另一方面对应普通话中的正反问句"VP 不 VP"。本章我们进一步考察龙川县"F-VP"问句，发现龙川县正反问句使用最广的类型是"阿（neg）VP"，其次是"neg-VP-（PRT）"，另外有些镇的部分人还使用"VP-neg"型问句。其中"阿（neg）VP"和"neg-VP-（PRT）"功能相同，结构相近，为方便讨论，暂且归为同一大类，因为龙川话最常用的"neg"为"唔"，所以以下将龙川话的正反问句记为"阿（唔）VP"问句。接着对"阿（唔）VP"的形式特征和语法功能进行描写，发现这一问句与广受学术界关注的吴方言"阿VP"型问句同属"F-VP"问句。最后尝试讨论龙川话这一句式的来源。

第一节　龙川话正反问句的三种类型

（一）各镇普遍使用的"阿（neg）VP"型问句

　　老隆话"F-VP"问句中的"F"有两种语音形式：新派的［a⁴⁴］和老派的［am³¹］。龙川其他乡镇的"F"还有一些差异，如："阿唔₁"［a⁴⁴ṃ³¹］、"阿唔₂"［am³¹］、"阿"［a⁴⁴］、"也"［za⁴⁴］、□［aŋ³¹］、"暗"［ɛn³¹］、"阿不"［a⁴⁴pʰut³］等，具体见表 3－1：

表 3 - 1　龙川各镇发问词"F"的变体

老隆	佗城	丰稔	通衢	登云	鹤市	紫市	黄布	义都
①阿唔₂ ②阿	阿唔₂	①暗 ②阿	阿	阿	暗	暗	暗	①阿不 ②阿
四都	黄石	黎咀	新田	赤光	龙母	廻龙	铁场	田心
①阿不 ②阿	①阿不 ②阿	阿唔₂	暗	暗	①暗 ②阿	暗	阿	①暗 ②□〔aŋ³¹〕
岩镇	麻布岗	贝岭	细坳	上坪	车田			
①阿唔₁ ②阿	①阿唔₂ ②□〔aŋ³¹〕 ③阿	①阿唔₁ ②暗	阿唔₁	唔	①也 ②唔 ③□〔aŋ³¹〕			

各镇"F"的发音存在差异，而且同一个镇不同村子，甚至同一个家庭不同成员的发音都会存在差异。我们忠实记录几种不同的说法。一般说来，说法①通常是年龄较大的人使用，②的使用者相对年轻。但是在表义方面没有区别，后文我们将对这些语音差异进行分析。

（二）部分镇使用的"neg-VP-(PRT)"问句

除了"阿 VP"句型外，龙川客家话中还有一种"neg-VP-(PRT)"型正反问句。这种问句又可以分成两种类型，一种是必须带语气词的，一种是不带语气词的。

第一种是"neg-VP-PRT"型，一般是在谓词前加上否定词"唔"〔m̩〕（有些镇用"不"〔pʰu⁵²〕）或"能"〔nɛn³¹〕（"唔曾"的合音，用于已然的语境），谓词后面必须加上语气词"啊"，有时也可以加"哦"，读为平调，整个框架结构表示疑问的语气，如果删去前面的否定词和后面的疑问词，都不能表示中性的疑问语气，如：

老隆：西瓜唔甜啊？/你唔去哦？/你明早唔去渠改啊？

四都：西瓜不甜啊？/你不去哦？/你明早不在屋下（啊）？

一般读为平调，语气平缓，表示中性询问，但如果加强语气，句末音

节拉长，句末尾调上扬，则为反诘语气，如：

①西瓜唔甜？（西瓜不甜吗？）

所以，我们认为这个句式的中性疑问语气是借助"neg-VP-PRT"这一结构来达成的。龙川县的各镇使用"阿VP"和"neg-VP-PRT"的比例不太一致，老隆、佗城、通衢、丰稔等镇多用"阿VP"问句，偶尔可见"neg-VP-PRT"句式。车田"阿VP"和"neg-VP-PRT"的使用频率差不多。四都、黄石偶尔会用"不-VP-啊"句式，如：

②明早你不去啊？（明天你去不去？）

第二种是"neg-VP"型，这种问句是在谓词的前面加上否定词"唔"[m̩]或"唔曾"（有些镇读为"唔田""唔能"）、"能"[nɛn⁵²]或"盟"[mɛn⁵²]（"唔曾"的合音），谓词后面没有语气词，读为平调，龙川上半县的麻布岗镇小长沙村和上坪镇常用这种句式。这种句式在结构上和否定句很接近，只是否定词的读音存在差异，以上坪话为例，否定句和正反问句的结构形式如下：

③渠唔想去。（他不想去。）（否定句）

渠唔想去啊？（他想不想去？）（正反问句）

④渠唔田买书。（他没买书。）（否定句）

渠唔田买书？（他买没买书？）（正反问句）

这两句话听感上非常接近，不同之处在于疑问句中否定词"唔""唔田"的发音比较轻，音长比较短，说明"唔"和"唔田"已经开始语法化，否定义趋于消失，变成了前置的疑问副词"F"。这种句式的特殊之处是采用否定词读音轻化的形式作为疑问手段，古代汉语和少数民族语言中也有"neg-VP"句式，下文中我们会论述。

（二）偶尔可见的"VP-neg"问句

"阿VP"型问句是龙川县最强势的问句类型，笔者调查的受访者中几乎全都使用这一句式，其次是"neg-VP-（PRT）"问句，在老隆、车田、麻布岗等镇里和"阿 VP"同时使用。另外，在我们的调查中，也发现有几位受访者偶尔使用"VP-neg"句式，如：

车田：渠去过唔能啊？（他去过没有啊？）

你食饭唔能？（你吃饭没有？）

紫市：你食饭唔曾？（你吃饭没有？）

渠去唔曾？（他去了没有？）

铁场：你去唔？（你去不去？）

你食唔？（你吃不吃？）

岩镇：渠去欸有？（他去了没有？）

你食饭有？（你吃饭没有？）

你去过有？（你去过没有？）

一般出现"VP-neg"句式的多是龙川北部的乡镇，可能是受周边其他客家话影响。因为梅州、兴宁一带的正反问句一般多采用"VP-neg"，龙川北部的乡镇与"VP-neg"分布区接近，有可能会受到一定的影响。

第二节 "阿（唔）VP"问句的形式特征

龙川话的"阿（唔）VP"属于"F-VP"问句。"F-VP"问句是汉语方言一种特殊的疑问句式，其结构一般是在陈述句的谓语前，或者在补语、状语等谓词性成分前插入表疑问的副词"F"，构成以"F-VP"短语为疑问焦点的问句。本节主要探讨这一句式的形式特征。

一、"VP"的性质

龙川话的"阿（唔）VP"问句中，"VP"既可以是动词性的，也可以是形容词性的。

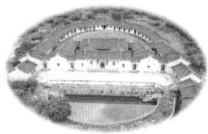

（一）VP = 动词性成分

1. VP = 单个动词

"阿 VP"问句中的"VP"可以是单个动词，一般可以单独作谓语的动词都可以接在"阿"后构成"阿 VP"问句，多是对未然体的提问：

⑤你阿食？（你吃不吃？/你吃吗？）——食。/唔食。

⑥你阿走？（你走不走？/你走吗？）——走。/唔走。

⑦你阿想？（你想不想？/你想吗？）——想。/唔想。

⑧你阿讲？（你说不说？/你说吗？）——讲。/唔讲。

这样的"阿 VP"问句比较单纯，多是对未然体的提问。肯定回答用动词的肯定式或点头，否定回答用"唔 + 动词"或摇头。值得注意的是，龙川话的"阿 VP"都是与普通话中的正反问句"VP-neg-VP"和表中性询问的是非问句"VP 吗？"双重对应的，以下为简便起见，只列出正反问句的翻译，不再列出是非问句的翻译。

2. VP = 述宾短语

常用于询问尚未发生、将要发生或恒常性的动作的事件。

⑨你阿去广州？（你去不去广州？/你去广州不去？）

⑩渠阿枚伊本书？（他要不要这本书？）

⑪你阿食饭？（你吃不吃饭？）

⑫你阿中意渠？（你喜不喜欢他？）

⑬阿畀钱渠？（给他钱不给？/给不给他钱？）

宾语可以是名词性宾语，如上面的例子所示，也可以是谓词性宾语或主谓短语，如：

⑭渠阿知得𠊎系奈只？（他知不知道我是谁？）

⑮你阿想知道浪般样做改条题？（你想不想知道该怎样做那道题？）

3. VP = 连动式或兼语式

当"VP"为连动短语时，"阿"一般要位于第一个动词之前，这时疑问重心在第一个动词，回答时也只用第一个动词回答。

⑯你类阿来𠍲屋下食饭？——来。/唔来。

（你们来不来我家吃饭？——来。/不来。）

⑰阿喊你同学来𠍲类屋下食饭？——喊。/唔喊。

（叫不叫你同学来我们家吃饭？——叫。/不叫。）

如果连动短语第一个动词后面带有动态助词"紧/稳/等"（着）或"欸"（了），不能直接用"阿"作为发问词来提问，但可以用"阿昧"提问。

⑱a. ＊你类阿来稳𠍲屋下食饭？

b. 你类阿昧来稳𠍲屋下食饭？

4．VP = 偏正短语

谓词性成分由偏正短语构成，通常是状中结构的，前面的状语可以由副词或能愿动词来充当，也可以由介宾短语来充当：

⑲渠阿常转屋下？（他是不是经常回家？）

⑳渠阿肯摎你一齐去？（他愿不愿意和你一起去？）

㉑你个间阿够大？（你的房间够不够大？）

㉒你阿曾捉灶前个灯熄嗷？（你有没有把厨房的灯关了？）

㉓伊件事阿摎渠讲？（这件事对不对他说？）

㉔阿昧捉单车□ [uŋ²⁴] 到间哩去？（是不是把自行车推到房间里去？）

如果"阿"是在副词前面，如例⑲"阿"在"常"的前面，是对频率提问；如果"阿"是在"肯"前面，如例⑳，是对意愿提问；如果"阿"是在介词短语前面，如例㉒~例㉔，通常是对所介引的对象或处所提问。

5．VP = 述补结构

述补结构的补语从类型上看有程度补语、数量补语、结果补语、趋向补语、可能补语和状态补语等。"阿VP"型也可以对句子的补语部分提

问，一般来说，只有性质形容词充当的补语才能进入这一结构，大多是问结果、状态或可能性。

普通话中表可能和表状态的述补结构的提问形式不同，见表3-2：

表3-2　普通话中表可能和表状态的述补结构的提问形式

类型	结构	例句
表可能补语	V得AV不A?	听得懂听不懂?
表状态补语	V得A不A?	听得清不清（楚）?

老隆话中表示可能的和表示状态的述补结构的正反问句形式也不同，如"阿+V+得+补"形式，可用于表示可能的和表示状态的述补结构的提问，"V+得/倒+阿+补"形式一般只用于表示状态的述补结构的提问，如：

㉕a. 渠写个字你阿认得出？（他写的字你认得出认不出？）

　　b. 渠写个字你认阿得出？（他写的字你认不认得出？）

㉖a. 伊件衫阿洗得净？（这件衣服洗得干净洗不干净？）

　　b. 伊件衫洗倒阿净？（这件衣服洗得干不干净？）

有时，"阿+V+得+补"形式后面的补语可以不出现，直接用"阿+V+得"形式，一般是询问主客观条件是否容许实现某种动作，如：

㉗伊系奈只个笔，𠊎阿用得？（这是谁的笔，我可以用吗？）

㉘改种药你阿食得？（那种药你能吃吗？）

㉙禾阿割得啦？（稻子能不能割了？）

这些例句在龙川话里都可以转换成"阿可以VP"式，但这样的说法不如"阿+V+得"那么口语化。

（二）VP＝形容词性成分

"阿"后面的形容词性成分可以是单音节形容词、双音节形容词或形容词性短语，一般不能是形容词生动形式和非谓形容词。

1. VP＝单音节形容词

单音节形容词基本上都可以构成"阿VP"问句。

㉚饭阿熟？（饭熟不熟？）

㉛水阿沸？（水热不热？）

㉜伊条河个水阿深？（这条河的水深不深？）

此外，很多普通话中的双音节形容词在客家话里都是单音节形容词，如：

㉝低出阿凉？（外面凉快不凉快？）

㉞伊条裙阿靓？（这条裙子漂不漂亮？）

㉟课室阿静？（教室里安不安静？）

2. VP＝双音节形容词

㊱渠煮个菜阿好食？（他煮的菜好不好吃？）

㊲你阿紧张？（你紧张不紧张？）

㊳渠做事阿认真？（他做事认不认真？）

能在"阿VP"问句里出现的形容词多是性质形容词，状态形容词、形容词生动形式和非谓形容词不能这么使用，在这些成分前出现的多是"阿昧"，如：

㊴a. 偃个面阿红？（我的脸红不红？）

　　b. ＊偃个面阿□［faŋ³¹］红？

　　c. 偃个面阿昧□［faŋ³¹］红？（我的脸是不是很红？）

㊵a. 伊类薤菜阿嫩啊？（这些薤菜嫩不嫩？）

　　b. ＊伊类薤菜阿嫩嫩咿啊？

　　c. 伊类薤菜阿昧嫩嫩咿啊？（这些薤菜是不是嫩嫩的？）

㊶a. 渠个仔阿躁？（他的儿子调不调皮？）

　　b. ＊渠个仔阿好躁？

    c. 渠个仔阿昧好躁?（他的儿子是不是很调皮?）

㊷a. ＊伊只戒指阿银哪?

    b. 伊只戒指阿昧银哪?（这只戒指是不是银的?）

㊸a. ＊渠着衫裤阿最大号?

    b. 渠着衫裤阿昧最大号?（他穿的衣服是不是最大号?）

"阿"的后面一般不加小句和体词性成分，如果疑问焦点是体词性成分，则要在该成分前加"昧"［mɛi³¹]（"唔系"的合音）来提问，如：

㊹阿昧你买菜?（是你买菜吗?）

㊺你买个阿昧牛肉?（你买的是不是牛肉?）

如果修饰成分是程度副词的话，只能构成"阿昧 VP"句式，如例㊻。

㊻渠阿昧好认真?（他是不是很认真?）

㊼你阿昧又紧张又兴?（你是不是又紧张又高兴?）

二、状语与"阿"的句法位置

徐烈炯、邵敬敏（1999）曾对吴语中状语在"阿"字句中的分布进行探讨，我们也根据其方法对老隆话中的状语和"阿"的位置进行探讨，考察当句子的谓语动词前面带有一些其他状语时"阿"的位置。

1. 时间名词作状语

㊽a. 渠阿明早日转屋下?

    b. 渠明早日阿转屋下?

㊾a. 阿礼拜六去河源?

    b. 礼拜六阿去河源?

2. 介宾短语作状语

㊿a. 阿在屋下食饭?

    b. 在屋下阿食饭?

51a. 阿曾摎渠借过钱?

b. 摎渠阿曾借过钱?

3. 形容词作状语

(52)a. 你阿认真做作业?

b. ＊你认真阿做作业?

(53)a. 阿细心带细佬哥?

b. ＊细心阿带细佬哥?

4. 程度副词作状语

(54)a. ? 渠阿好靓哦?

b. ＊渠好阿靓哦?

(55)a. ? 渠讲个话阿好醒眼?

b. ＊渠讲个话好阿醒眼?

5. 频率、时间副词作状语

(56)a. 阿经常转老家?

b. ＊经常阿转老家?

(57)a. 阿一直在改住啊?

b. ＊一直阿在改住啊?

6. 情态副词作状语

(58)a. 阿一齐来?

b. ＊一齐阿来

(59)a. 阿特斯去渠改?

b. ＊特斯阿去渠改?

(60)a. ＊阿简直摎条狗坚尼?

b. ＊简直阿摎条狗坚尼?

7. “比”“畀”“捉”字短语作状语

(61)a. 比渠阿较高?

b. 阿比渠较高?

⑥a. 阿曾捉饭食秋？

b. 捉饭阿曾食秋？

徐烈炯、邵敬敏（1999）认为，修饰、限制动词中心语（包括形容词）的状语跟中心语结合比较紧密，很难用别的词语把它们隔开。不同类型的状语在全句中起的作用不同。即使位置可以灵活地变换，句子表示的意义仍旧不同。龙川话的"阿"如果在时间状语前，所提问的是时间而不是"VP"；如果在形容词状语前，提问所强调的也是情态而不是"VP"本身。一般"阿"后紧随的是疑问焦点，即需要回答的内容。

第三节 "阿（唔）VP"问句的句法功能

"阿 VP"问句最大的特点是用疑问副词"阿"+谓词性成分提问。"阿VP"组合通常充当句子的谓语，偶尔也可作宾语、补语。

一、"阿 VP"组合的功能

1. "阿 VP"组合作谓语

充当句子的谓语是"阿 VP"组合最常用的功能，前面所举例子中的"阿VP"多数都是这一功能。此处只举数例，不再赘述。

⑥你阿去？（你去不去？）（"VP"是单音节动词）

⑥你阿欢喜？（你高不高兴？）（"VP"是双音节动词）

⑥你阿食稳呷？（你吃不吃岗稳？）（"VP"是动宾词组）

⑥渠阿曾去过？（他去过没有？）（"VP"是动补词组）

⑥偓捉渠喊过来阿好？（我把他叫过来好不好？）（"VP"是形容词）

⑥跳舞你阿晓？（跳舞你会不会？）（"VP"是主谓谓语句的小谓语）

2. "阿 VP"组合作补语

⑥渠个妹呷生倒阿瓒？（他的女儿长得漂不漂亮？）

⑦桌抹倒阿伶俐？（桌子擦得干不干净？）

⑦菜买倒阿够多？（菜买得够不够多？）

当"阿VP"作补语时，"VP"通常是形容词，大多数是问结果、状态。

3. "阿VP"组合作宾语

⑦着咁少衫你觉得阿冷？（穿这么少衣服你觉得冷不冷？）

⑦你惗下阿应该走？（你想一下应不应该走？）

"阿VP"组合作宾语时，一般都是谓词性宾语。

"F-VP"格式一般处于谓语的位置，但由于"阿VP"格式在龙川话问句系统中的势力十分强大，基于类推作用，很容易影响到其他位置，譬如补语位置、宾语位置等，但"阿VP"组合一般不能充当主语。龙川话中一般不使用"VP-neg-VP"式疑问句，但是存在"VP-neg-VP"短语，这一短语形式可充当主语或宾语，如：

⑦＊阿去爱得你。　去唔去爱得你。（去不去由得你决定。）

⑦＊阿洗都可以。　洗唔洗都可以。（洗不洗都可以。）

⑦偓唔知渠阿去。　偓唔知渠去唔去。（我不知道他去不去。）

二、"阿VP"问句与其他句式的套用

1. "阿VP"问句与特指问句的套用

"阿VP"式反复问句可以自由地套用特指问句，只要将句子中一个直接成分变成相应的特指疑问代词，便可组成特指反复问句。

⑦你阿问下渠还爱买点葱？（你要不要问下他还要买点什么？）

⑦你国庆阿曾去奈伊嬲？（你国庆有没有去哪玩？）

⑦渠阿曾话渠过几多日正来？（他有没有说他过多少天才回来？）

⑧渠阿曾问过偓个脚浪般样？（他有没有问过我的脚怎么样？）

⑧三哥阿曾话渠去几久？（三哥有没有说他去多久？）

2．"阿VP"问句与"阿VP"问句的套用

一般来说，在"阿VP"问句内部套着另一个"阿VP"问句，有点像英语中的宾语从句。

㉒阿冇人知得渠今晚阿来哦？（有没有人知道他今晚来不来？）

㉓阿曾去门口睇下阿冇人？（有没有去门口看看有没有人？）

㉔你阿曾听倒天气预报话明早阿会落水？（你有没有听见天气预报说明天会不会下雨？）

㉕你阿曾问渠阿去哦？（你有没有问他去不去？）

㉖你阿知道渠阿中意伊件衫？（你知不知道他是否喜欢这件衣服？）

㉗阿冇人知渠昨晡夜阿曾啜醉啊？（有没有人知道他昨晚有没有喝醉？）

第四节　龙川话的"阿（唔）VP"由选择问句删减而成

一、龙川客家话的否定词

否定词在正反问句中地位非常重要，为了进一步探讨正反问句，我们先来看看龙川老隆话中的否定词。

1．表示单纯否定的"唔"［m^{52}］

"唔"用于动词性成分前，表示对动作行为的否定，如：

㉘渠今日唔去学校。（他今天不去学校。）

㉙𠊎唔识得渠。（我不认识他。）

㉚𠊎唔晓做迎条题。（我不会做这道题。）

"唔"用于形容词前，表示对性质状态的否定，如：

㉛渠煮个饭唔好食。（他做的饭不好吃。）

⑨²伊种花唔香。(这种花不香。)

⑨³啡系唔舒服咿话就好去医院。(还是不舒服的话就快去医院。)

“唔”是客家话的主要否定词，大多读自成音节的［m̩］，阳平调。李如龙、张双庆（1992）指出客家话否定词［m̩］的本字是“毋”，各点都发［m̩²］或［ŋ²］。“唔”常常与其相邻的成分发生合音，否定词与其后相邻成分发生合音，构成句法词，两个语素并为一个语素，这无论在早期汉语还是其他语言中都曾出现过。一般来说，如果“唔”后面是零声母单音节词，而且该词的使用频率比较高，在语用上属于常用词汇的，容易发生合音现象；如果“唔”后所加的动词是零声母音节或者是以［h］为声母的音节，该音节经常与“唔”合音，如：

唔［m̩］＋爱［ɔi²⁴］——枚［mɔi²⁴］

唔［m̩］＋系［hɛi³¹］——昧［mɛi³¹］

唔［m̩］＋肯［hɛn²⁴］——□［mɛn²⁴］

唔［m̩］＋好［hau²⁴］——孬［mau²⁴］

龙川话的“要”一般发音为“爱”［ɔi³¹］，“唔”和“爱”一起容易发生合音；龙川话的“是”一般读为“系”［hɛi³¹］，“系”在客家话里发的是喉塞音［h］，“唔”和“系”也容易发生合音。

2. 表示对“有”否定的“冇”［mau³¹］

“冇”在龙川话里只作动词，表示对领有、存在的否定，或表示没有达到某一量度。

⑨⁴屋下冇米嚕，今晚冇夜食。(家里没米了，今晚没有晚饭吃。)

⑨⁵冇几多人来过侄屋下。(没几个人来过我家。)

⑨⁶侄冇渠咁白。(我没他那么白。)

3. 表示事情没有发生，或者否定动作行为曾经发生的“盟”［mɛn⁵²］(“唔曾”的合音)

⑨⁷好久盟落水嚕！(好久没有下雨了！)

⑱厓盟去过渠改。（我没有去过他那里。）

⑲咁暗噜你啡盟食夜啊？（这么晚了你还没有吃晚饭吗？）

4．表示禁止义的"孬"[mau²⁴]

⑩今晚你孬来。（今晚你别来。）

⑩孬话畀渠听。（别告诉他。）

二、龙川话中的"F"含有或曾经含有否定性成分

朱德熙（1989）提到包含"有""是"的反复问句在格式上往往出现例外的情况，张敏（1990）也发现这种特殊性在全国方言中是普遍存在的。龙川话包含有"有""是"和"要"的反复问句格式上也存在着特殊性。将龙川老隆话的"阿VP"型问句和朱德熙（1985），刘丹青（1991），李小凡（1990），游汝杰（1993），徐烈炯、邵敬敏（1999）等人文章所引用的吴语材料中的"阿VP"句进行比较，无论从内部结构还是语法功能来看，两者都非常相似，但是有几个句子引起了我们的注意：

⑩（龙川话）你阿有伊本书？（你有没有这本书？）

　　　　　＊你阿有伊本书？

　　（上海话）伊阿有迭本书？

⑩（龙川话）伊只贼牯佬阿昧有神经病啊？

　　　　　（这个小偷是不是有神经病啊？）

　　　　　＊伊只贼牯佬阿有神经病啊？

　　（上海话）迭个小贼阿有神经病？

⑩（龙川话）你阿枚食点惹？（你要不要吃点什么？）

　　（苏州话）阿要吃点物事？

⑩（龙川话）你今朝阿昧啜欸酒？（你今天早上是不是喝了酒？）

　　（苏州话）阿是吃仔酒哉？

比较以上4组例子，我们发现吴语中如果要把动词"有""要""是"当成疑问焦点，通常还是直接在动词的前面加疑问副词"阿"，但是龙川

话却没有相应地说成"阿有""阿爱（要）""阿系（是）"，而是用"阿冇""阿昧""阿枚"来提问。其中"冇"是"有"的否定形式，"枚"是"唔爱"（不要）的合音，"昧"是"唔系"的合音。也就是说，龙川话要对"有""要""是"类动词提问的时候，通常倾向于用"阿-neg-V"的形式。对于这种现象，我们暂时无法给出合理的解释，但是当我们梳理龙川各镇的发问词时，发现各镇发问词之间的差异似乎可以解释这一现象。

虽然龙川县普遍使用"F-VP"型问句，但发问词"F"在不同的乡镇有不同的变体，如前文列出的"阿唔$_1$"［a^{44} m^{31}］、"阿唔$_2$"［am^{31}］、"阿"［a^{44}］、"也"［za^{44}］、□［$aŋ^{31}$］、"暗"［$ɛn^{31}$］、"阿不"［a^{44} p^hut^3］等。

在龙川上半县（北部）麻布岗镇虎头村调查时，我们向当地人询问普通话中"你来不来?"和"你来吗?"在当地的说法，他们称当地一般用"你阿唔来?"同时表达普通话中的两种说法。中间的"唔"就是"不"的意思，"阿"和"唔"是各自独立的音节，每一个问句当中的"唔"都是不可缺少的。龙川北部的麻布岗、细坳、贝岭等镇的情况都是如此。

而老隆话中的"F"有两种读音，一是［a^{44}］，一是［am^{31}］。我们曾向好几位发音人反复求证，要求他们放慢速度发［am］，此时所发出的音就是［a］＋［m̩］。综合麻布岗的情况，我们认为，老隆话中的［am］应该是"阿"和"唔"的合音。我们将麻布岗和老隆的"F"称为 A 型"阿唔 VP"问句，其中"阿"和"唔"分别是独立音节的称为 A$_1$ 型，"F"为合音形式［am］的称为 A$_2$ 型。

龙川北部车田、麻布岗有些村的"F"发音为［aŋ］，龙川中部的廻龙、田心、龙母等镇的"F"一般发音为［ɛn］，我们都记为"暗"，定义为 B 型，前者是 B$_1$ 型，后者是 B$_2$ 型，如"你暗去?"。这两种发音都是［am］的语音变体，B$_1$ 型的韵尾靠后，如李如龙、张双庆（1992）所言，客家话"唔"也经常发［$ŋ^2$］，所以［aŋ］其实是［am］的语音变体；B$_2$

型由双唇音韵尾变为前鼻音，开口度也变小。

黎咀的"唔"已经几近脱落，必须非常留神才能听到"n"的发音，但如果请发音人放慢语速说，后面的辅音韵尾又接近"m"，这也说明"阿"后面的韵尾"n"是由"m"发展而来的。表示否定的副词"唔"的发音在这些镇甚至开始脱落。而通衢的"F"发音为 [a]，韵尾已经完全脱落。阿 [a] 也是目前龙川县内最通行的"F"的形式。

另外，结合前文提及的"neg-VP-（PRT）"，我们将龙川话正反问句的发问词分成六种类型（见表3 – 3）：

表3 – 3　龙川话正反问句发问词"F"的类型

类型	读音	例句	代表区域
A. 阿唔	1. [aṃ]	你阿唔₁来?	麻布岗①、岩镇①、贝岭①、细坳
	2. [am]	你阿唔₂来?	佗城、老隆①、黎咀
B. 暗	1. [aŋ]	你暗来?	车田③、麻布岗②、田心②
	2. [ɛn]	你暗来?	鹤市、新田、赤光、龙母①、廻龙、紫市、田心①、贝岭②
C. 阿	[a]	你阿来?	老隆②、四都②、黄石②、义都②、铁场、岩镇②、麻布岗③、通衢、丰稔②、登云、龙母②
D. 阿不	[a put³]	你阿不来?	四都①、义都①、黄石①
E. 唔	[ṃ]	你唔来?	上坪②、车田②
F. 也	[za]	你也来?	车田①（赤木村）

注：表中①、②、③表示当地有几种不同的说法。

一般说来，发 [aṃ] 和 [aŋ] 的多见于上半县（即龙川北部），发 [am] 的多见于县西南地区，发 [a] 的多见于县东南地区，发 [ɛn] 的多见于中半县，发 [za] 的目前发现的只有车田的老派。

我们认为，龙川的"阿VP"型问句应该是"阿-neg-VP"型问句。北部各镇至今还完整保留"阿唔 VP"的形式，而南部各镇的"阿 VP"型问句是脱落了否定词发展而来。我们可以假定龙川的"阿唔 VP"型问句发展到"阿 VP"型问句经历了这样的一个阶段：

（a）"阿唔 VP"型，否定副词"唔"是一个独立音节（鼻化声母）→（b）"唔"与前面的"阿"合音，鼻辅音"m"向"n"过渡，发音为"暗"［ɛn］→（c）鼻辅音"n"弱化→（d）完全脱落，形成"阿 VP"型，只有与"唔"发生合音的常用的零声母音节保留了"阿唔 VP"形式。

而"neg-VP-（PRT）"式正反问则是"阿唔 VP"型问句在发音较快的情况下由"阿"脱落而成的，但脱落了"阿"的"neg-VP"在形式上与否定句没有区别，所以对于句末语气词的依赖性较大，形成"neg-VP-（PRT）"这样的框架结构来表示疑问。

对于这一推测，D 型"阿不 VP"问句应该是一个很好的旁证。"阿不 VP"存在于黄石、四都和义都三镇，龙川其他镇的人也觉得这种说法比较独特，所以将这几个镇的人戏称为"阿不咿"（说"阿不"的人），如：

⑩你阿不走？（你走不走？）

⑩你阿不吃饭？（你吃不吃饭？）

⑩你阿不曾去过广州？（你去没去过广州？）

⑩你阿不知？（你知不知道？）

"不"是当地常用的否定词，与其他镇的"唔"相当，虽然语音不同，但这种问句在使用上和其他镇还是一致的。那为什么这三个镇会与众不同呢？我们发现黄石、四都、义都三个镇在地理位置上有一个共同特点，即村落都处在东江边缘，而与之临近、同样位于东江边的和平县东水镇的问句也恰恰是"阿不 VP"型的。地理位置接近，两地移民也同起一源①，龙

---

①　据笔者导师邵宜老师介绍，江西省北部有些地区的否定词同时使用"唔"和"不"。庄初升老师曾将龙川等地的客家话认定为"老客家"，其受江西话影响较大，所以四都、黄石等地的"不"有可能是受江西话影响而产生的。龙川县四都镇黄氏家谱记载："四都黄姓均属虎公裔孙，由虎公曾孙希礼公由和平迁至龙川田心洋冈头立业后，经过十代由建养公从田心上寨迁至四都镇壮背村立业，迄今已有四百余年。"

川四都与和平东水都属于"老客家",受江西话影响较大,而江西话常用的否定词是"不",四都等镇的"不"可能来自江西。"阿不VP"问句的存在说明龙川的"F-VP"中的"F"确实是含有否定词或否定的意义。此外,在调查中我们发现,当地老一辈的人说"阿不"的频率远高于年轻人,说明这里的"阿不VP"型问句中的否定词也处在脱落的过程。受县城老隆话的影响,年轻人说"阿不VP"的越来越少了,但是我们偶尔也可听到"你明早不去啊?""你不曾食欸饭啦?"这些正反问句,这也正好与老隆话中的"neg-VP-(PRT)"相对应。

另一个证据是普遍存在于各镇的"阿枚""阿昧""阿冇",当"阿唔VP"型问句中其他音节前面的"唔"逐渐脱落成为"阿VP"形式时,各镇的"阿枚"和"阿昧"都保留了"阿唔VP"的形式。而"冇"本身就是"有"的否定形式,各镇提问都是用"阿冇"而不是"阿有",这正说明"阿"后面隐含了否定的形式。

接着我们思考,为什么龙川客家话中存在"阿-neg-VP"型问句?这一句式与龙川话疑问句的其他类型又有什么关系?

三、龙川"阿-neg-VP"问句由"VP啊唔VP"型选择问句删减而来

在对龙川其他疑问句式进行探讨时,我们认为,"阿-neg-VP"问句是由选择问句发展而来的,理由如下:

首先,从形式看,"阿-neg-VP"问句应该是由选择问句删去前面的谓词而来的。

龙川的选择问句和客家话其他点一样,有两种基本类型,一是"X啊Y",二是"X还系Y",其中第一种类型的使用频率很高,如果X和Y选项的关系是正反并列的话,由动词的肯定形式和否定形式构成的选择问句的结构如下:

⑩你走啊唔走呢?(你走还是不走呢?)

⑪你食饭啊唔食饭哦?（你吃饭还是不吃饭呢?）

客家话中的选择问标记"啊"使用频率很高，后面可以不加逗号。如果将前面的动词的肯定形式删除，得到的句子就是"你啊唔走呢?"。"啊"和"阿"的发音其实是一样的，只是因为"啊"是作为语气词使用，"阿"经常放在动词前面，我们认为这是副词，所以二者使用不同的书写形式而已。曾毅平（2010）认为客家话中的"啊"是一个具有关联作用的疑问语气词，或者说是一个正在向选择连词过渡的疑问语气词。在龙川话中，删减了选择问句中前面的动词的肯定形式后，这个"啊"慢慢地发展为疑问副词"阿"，起到提示询问人的疑问焦点所在的作用。

其次，"阿-neg-VP"问句的回答方式和选择问句相同，如：

⑫a. 你今晚阿（唔）走？——唔走。（正反问句）

b. 你今晚走啊唔走啊？——唔走。（选择问句）

最后，选择问句的后面可以加"啊""呢""哦"等语气词，但不能加"咩""哇"等表示测度的疑问语气词，如：

⑬你输啊赢啊/哦/呢？

⑭你去啊唔去啊/哦/呢？

"阿-neg-VP"问句和选择问句后面都可以带语气词"啊""呢""哦"，但不能加"咩""哇"，如：

⑮你阿（唔）曾输啊/哦/呢？

⑯你阿去啊/哦/呢？

　*你阿去咩？

梅祖麟（1978）曾经指出反复问句是从选择问句演变而来的，朱德熙认为其说大体可信。游汝杰（1993）认为所谓反复问句是选择问句的特殊形式。龙川的"阿（唔）VP"型问句和其他方言一样，也是来自选择问句。

小 结

本章对龙川 24 个镇的正反问句类型进行了描写，各镇使用最广泛的类型是"阿（唔）VP"问句，其次是"唔-VP-(哦/啊)"问句，另外靠近兴宁的部分镇的发音人还使用"VP-neg"问句。前两者都可以看作"F-VP"问句，所以龙川是比较纯粹的"F-VP"区域。龙川全县都使用"阿昧""阿枚""阿冇"作为发问词提问，说明发问词"F"保留了否定词［m̩］的语音形式，北部麻布岗等镇的"F"读音是"阿唔"，四都、黄石、义都等镇的"F"读音是"阿不"，都是两个独立的音节。而其他镇的"F"都应该是"阿唔"的合音形式及其语音变体。所以龙川的"阿 VP"实际应该是"阿-neg-VP"问句，这一句式与龙川话中普遍存在的正反选择问句"VP 啊唔 VP"在形式、回答方式和语气词的使用方面都有密切联系，由此我们认为龙川话的这一种"F-VP"问句是由选择问句经过删减而来的，路径如下：

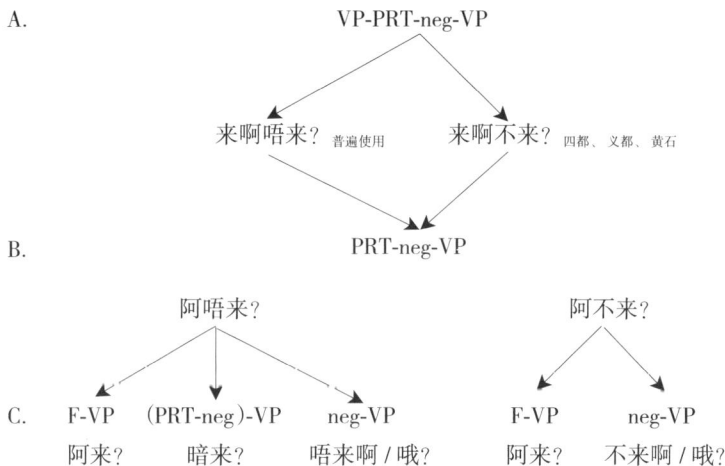

A.   VP-PRT-neg-VP

来啊唔来？_{普遍使用}   来啊不来？_{四都、义都、黄石}

B.   PRT-neg-VP

阿唔来？   阿不来？

C.   F-VP   (PRT-neg)-VP   neg-VP   F-VP   neg-VP

      阿来？   晤来？   唔来啊/哦？   阿来？   不来啊/哦？

第四章　客家话正反问句的类型和特点

第三章论述了龙川县的"阿（唔）VP"问句是由"VP 啊唔 VP"型正反选择问句删去前面的 VP 而来。那么客家话其他地方是否存在同类句型？其特点又如何？带着这一问题，我们对客家话的正反问句分片进行了简单梳理。

谢留文、黄雪贞（2007）把江西、湖南、福建、广东、台湾、香港等省区的客家话分为八片：粤台片（包括梅惠小片和龙华小片）、海陆片、粤北片、粤西片、汀州片、宁龙片、于信片和铜桂片，涉及 110 个县市和地区。根据前人的研究成果和笔者的调查，我们发现客家话各片的正反问句大致情况如下：

客家话的"F-VP"型问句只见于宁龙片大部分地区，龙华小片、粤北片和于信片的部分地区，集中在两个区域：一个是粤赣交界地带，另一个是赣南地区。粤赣交界地带的"F-VP"区域包括三小片：一是广东省的龙川、河源市区、和平、连平和江西赣州的全南、龙南、定南，这个区域发问词"F"的语音形式通常是零声母、阳声韵，我们称之为"阿（唔）VP"区；二是翁源、新丰两县，这两个县的"F"发音时带有舌根韵母 [h]，我们称之为"咸（唔）VP"区；三是寻乌、安远两地，安远的"F"发音直接为否定词的形式，寻乌通常会在否定词前面加上"有"，但"有"没有实义，我们合称为"（有）唔 VP"区。这三小片"F-VP"的特点是发问词"F"本身就是否定词或者含有否定的成分，所以我们将其合称为"F-(neg)-VP"型正反问句。赣南地区的"F-VP"区域包括大余、

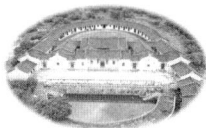

南康、崇义、兴国等县区，这个区域的发问词"F"的语音形式比较复杂，和吴方言比较接近，所以我们暂且以"F-VP"问句中比较具有代表性的"可VP"为代表，称之为"可VP"型正反问句。

客家话正反问句分布最广、使用最多的形式是"VP-neg？"，大部分地区表示中性疑问都采用这一形式。[①]"VP-neg-VP"也出现得相当多，一般而言，从地理分布来说，越靠近省城或各地县城经济发达地区的未然体倾向于使用"VP-neg-VP"，如惠州城区、连平县城、始兴县城等，而它们周边的乡镇则更倾向于使用"VP-neg？"；从年龄分布来说，年轻人使用"VP-neg-VP"的频率高，而中老年人更习惯用"VP-neg？"。

各片的情况也存在差异，如梅惠小片、粤西片属于典型的"VP-neg"型方言，老一辈人一般只使用"VP无"的形式提问，年轻人普遍能接受"VP-neg-VP"；汀州片目前的记录是以"VP-neg-VP"为主，但部分地区也存在"VP-neg"形式，如永定；海陆片的正反问句由于受闽南话的影响，常在"VP"前面加上情态动词，形成"a-VP-neg"形式。

第一节　客家话"F-VP"问句的类型和特点

客家话"F-(neg)-VP"型［包括"阿（唔）VP""咸（唔）VP"和"（有）唔VP"］与"可VP"型正反问句的分布在地理上非常接近，但在发问词和使用频率上有各自的特点，以下分别论述。

---

① 值得说明的是：项梦冰（1990）把客家话中的"VP-neg"看成是非问句。但由于部分地区这个句式中的"neg"和一般否定词的语音形式相同，统一起见，我们在讨论时暂且都将其归入正反问句。

一、客家话"F-VP"问句的类型

(一) 粤赣交界处的"F-(neg)-VP"

1. 阿 (唔) VP

"阿 (唔) VP"区跨越粤赣两省,包括江西赣州的全南、龙南、定南和广东的龙川、和平,这几个市县大部分地区都以"F-VP"为主。此外河源的源城、连平也有零星分布,我们调查了连平县几个镇,除了县城元善镇偶尔能听到外,大湖镇、隆街镇均未发现"F-VP"式正反问句,几个中年人反映儿时曾听老人说过"阿唔VP"句式,但现在很少使用,当地人认为可能是当地来自江西的移民带来的句式。[①]

"阿 (唔) VP"区域"F"的语音形式是零声母,或带有鼻音韵母,或是单元音 [a],常有不同的语音变体:

龙川:"阿唔$_1$" [a^{44} m̩^{31}]、"阿唔$_2$" [am^{31}]、"阿" [a^{44}]、"也" [za^{44}]、□ [aŋ^{31}]、"暗" [ɛn^{31}]、"阿不" [a^{44}p^{h}ut^3]

全南、龙南、定南:"阿唔" [am̩]、"暗" [an]

和平、连平、河源源城:"阿唔" [am]、"阿" [a]

正如龙川不同村镇的"F"有不同的语音变体,其他县也是如此,如和平县浰源镇李田村的发音是"阿"(读成高降调),黄田村、塘尾村则发为"阿唔",当地人的语感中认为靠近江西的发问词发音更偏向"阿唔"。该区域"F"的语音形式可分成三类:一类是"阿唔"或"暗",当说话人语速慢时,发的是"啊"和"唔"两个音节,当语速快时,发的是 [am],所以我们认为 [am] 其实是"啊"和"唔"的合音;一类是零声母"阿" [a],可能是 [am] 中的鼻音脱落所形成的,和平和龙川南部的

[①] 中山大学博士石佩璇(幼时居住在连平县城)告知,连平县城的人偶尔会使用"阿唔VP",通常用于一些简短的句子,如"阿唔去?""阿唔食饭?"等,如果是较长的句子,通常都采用"VP唔VP"式。她认为连平使用"阿唔VP"有可能是受江西话影响,县城元善有不少从江西迁来的人(特别是姓赖的大户人家)仍使用"阿唔VP"。

镇比较通行这一形式；还有一类是"阿不"，主要见于和平东水镇附近。如：

①你阿唔/阿不/暗买书？（你买不买书？）

②你阿枚/阿不枚粥啜？（你要不要喝粥？）

③水阿唔/阿不/暗沸？（水热不热？）

④阿唔/阿不/暗把钱渠哦？（给不给他钱？）

⑤你屋下阿冇电哦？（你家有没有电？）

⑥底种药你阿冇？（这种药有没有？）

结合前文对龙川话正反问句的分析，我们认为，这个区域的"F-VP"可能语出一源，都是由正反选择问句"VP啊唔VP？"经由同样的删略方式删去前面的"VP"而成。这些地方"F-VP"的结构和功能基本一致，大部分地区如全南、龙南、定南、龙川、和平都是比较纯粹的"F-VP"，但河源源城区正反问句除了使用"F-VP"之外，还存在"VP唔VP""VP无"的形式。

据《定南县志》（1990）记载，定南正反问句使用"阿唔"、"阿唔曾"、"阿嘅"（是不是），如：

⑦你阿唔看戏？（你看戏吗？）

⑧你阿唔曾食饭？（你吃过饭了吗？）

⑨今日阿嘅礼拜日？（今天是星期天吗？）

据张敏（1990）记录，全南"F-VP"问句询问未然时用"am"，询问已然时用"am前"，据我们的复核，"am"其实就是"阿唔"的合音，"am前"就是"阿唔曾"，与龙川读音相近。

⑩你am食茶？（你喝不喝茶？）

⑪你am前到过北京？（你有没有到过北京？）

据凌慈房（1957），龙南正反问句使用"暗不"（未然）、"暗不曾"（已然）提问，和龙川县四都、黄石、义都等镇相同的是否定词使用"不"，如：

⑫你暗不看电影？（你看不看电影）

⑬你讲个暗不是北京话？（你讲的是不是北京话？）

⑭你暗不曾听懂？（你听懂了没有？）

河源源城的类型最为丰富，除了有"阿唔VP"之外，还常有"VP唔VP""VP无"等形式，如：

⑮你阿唔去？/你去唔去？/渠去无？（你去不去？）

⑯你阿唔怕蛇？/你怕唔怕蛇？/你怕蛇无？（你怕不怕蛇？）

⑰出边阿唔凉？/出边凉唔凉？/出边凉无？（外面凉不凉？）

⑱你屋下阿冇红糖？/你屋下有冇红糖？/你屋下有红糖无？（你家有没有红糖？）

⑲你身体阿唔好？/你身体好唔好？/你身体好无？（你身体好不好？）

⑳你阿唔曾食饭？/你有冇食饭？/你食欸饭无？（你有没有吃饭？）

2. 咸（唔）VP

韶关新丰县正反问句常用的"F"的语音形式是"咸"［ham²⁴］，当发音人语速较慢时，一般也读成"咸"和"唔"两个音节，情况与"阿唔VP"类似。对于新丰客家方言中的正反问句，周日健（1990）曾提到，新丰客家话的正反问句除用肯定加否定外，还用"咸A"来表示。"咸"的含义取决于"A"，"A"是肯定，则"咸"为否定；"A"是否定，则"咸"为肯定。也就是说新丰话中的"咸"含有否定义，据此，我们猜测"咸"在新丰话中的作用相当于龙川话选择问句连词"啊"与否定词"唔"的合音。这个连词有可能是古代汉语和其他方言中都有的选择问句中的连词"还"，"咸"可能是"还"和"唔"的合音。但是我们在考察新丰的选择问句时，暂未发现"还"作为选择连词的用法，但其他地方的客家话中保留了"还"作为选择问标记，如高然（1999）所记丰顺汤坑的客家话就有这样例子：

㉑你爱食烟还爱食茶？（你想抽烟还是想喝茶？）

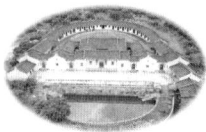

㉒小朱去兴宁还去五华？（小朱去兴宁还是去五华？）

据我们的调查，梅县、丰顺、河源等地的客家话也有"还"作为选择连词的选择问句。"还"在客家话的读音一般为［han］，与否定词"唔"［m̩］合音后变为［ham］，正好是客家话"咸"的发音，故以"咸"字记之。

与龙川话的"阿（唔）VP"一样，"咸（唔）VP"中的"VP"可以由动词、形容词充当，"咸"也可以直接置于助动词、副词、介词之前，如：

㉓你咸去？（你去不去？）

㉔水咸沸？（水热不热？）

㉕你咸肯帮渠？（你肯不肯帮他？）

㉖你咸常行街？（你经常不经常逛街？）

㉗你咸同渠去买菜？（你同不同他去买菜？）

新丰话中的"咸 V 得 + 补语"通常可以说成"V 咸 + 补语"，两种形式的意义和用法都一样，可以互相替换而不影响交际。这一点与龙川话也是一致的，如：

㉘咸食得落两碗饭？/食咸落两碗饭？（吃得下吃不下两碗饭？）

㉙咸拉得紧？/拉咸紧？（拉不拉得紧？）

与"阿（唔）VP"在龙川的强势地位相比，新丰话中"咸（唔）VP"在当地疑问句中并没有"一统天下"，而是"VP 唔 VP"和"咸（唔）VP"两种形式并存，据陈静娴[1]，所有的"VP 唔 VP"型问句都可以转化成"咸（唔）VP"型问句，句义都是一样的。但在日常生活中，人们特别是老年人更常使用"咸（唔）VP"，相较之下，年轻人对"VP

---

[1]　出自陈静娴的《粤北新丰县客家方言的疑问句》（未刊稿）。写作过程中，承蒙中山大学庄初升教授惠赐许多宝贵的资料，其中包括三篇未刊稿，这是其中一篇，另外两篇是：魏小萍的《龙川县龙母镇大塘客家方言的"阿-VP"疑问句》和陈敬的《保山方言的疑问系统及其 FVP 问句》。谨在此向作者和庄老师表示真挚的谢忱。

"唔VP"的接受程度比老人高。

韶关翁源老派的"F"是"咸"［ham²¹］，用法与新丰话相同，也是"VP唔VP"和"咸（唔）VP"型问句并存，如：

㉚渠咸冇意见？/渠有冇意见？（他有没有意见？）

㉛你咸赢得倒？/你赢唔赢得到？（你赢得了赢不了？）

㉜你咸晓？/你晓唔晓？（你会不会？）

㉝小明长得咸唔像渠？/小明长得像唔像渠？（小明长得像不像他？）

值得注意的是，调查时我们发现翁源的年轻人之间也开始使用"阿（唔）VP"，自幼居住在翁源县城的发音人告诉我们，他们小时候与长辈交谈一般使用"咸（唔）VP"，但在县城上中学时同学之间却常常使用"阿（唔）VP"，并认为这是比较时髦的用法，如：

㉞你阿唔买书？（你买不买书？）

㉟你阿枚粥？（你要不要粥？）

㊱中午阿唔睡？（中午睡不睡觉？）

但他们的父辈一般还是使用"咸（唔）VP"，所以回到家他们仍使用"咸（唔）VP"句式。当我们追问年轻人为什么会流行"阿（唔）VP"时，他们自己也说不清楚。从地理上看，翁源县东与连平县相连，南与新丰县交界，西与英德市、曲江区接壤，北与始兴县、江西省全南县毗邻，有可能是受周围"阿唔VP"区影响所致。

3.（有）唔VP

赣州的寻乌县长宁镇和安远县鹤子镇也存在与"阿（唔）VP"和"咸（唔）VP"类似的句式，如寻乌县的正反问句是"有唔VP"，而安远县一般采用"唔VP啊？"。两地的发问词前面都有否定词"唔"，如表4－1所示。

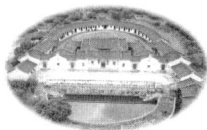

表 4 – 1　安远话和寻乌话正反问句表

	安远（鹤子）话	寻乌（长宁）话	普通话
㊲	渠唔去啊？	渠有唔去？	他去不去？
㊳	你唔食饭啊？	你有唔食饭？	你吃不吃饭？
㊴	你唔停［mtʰiŋ］去啊？	你有盟［miɛn］去？	你去了没有？
㊵	你屋下冇红糖啊？	你屋下有冇红糖？	你家有没有红糖？
㊶	你唔怕蛇啊？	你有唔怕蛇？	你怕不怕蛇？
㊷	你唔中意唱歌啊？	你有唔喜欢唱歌？	你喜不喜欢唱歌？
㊸	饭唔熟啊？	饭有唔熟？	饭熟不熟？
㊹	水唔滚啊？	水有唔烧？	水开没开？
㊺	渠你认唔得啊？	你有唔晓得渠？	你认不认识他？

　　寻乌话中除了个别动词，如询问"要不要"是采用"VP-neg-VP"式变成"爱枚"之外，一般的正反问句是在谓词的前面加上"有唔"来发问，已然体则用"有盟［miɛn］"发问。

　　安远话中一般否定词"不"是"唔"［m̩］，"不是"就是"唔昧"［mɛi］，副词"没有"是"唔田"［m̩tʰiɛn］。安远正反问句中承载疑问语气的是"唔……啊？"这种格式，也就是"neg-VP-PRT"问句。如果删去句末语气词"啊"，如"渠唔去"就是一个表示否定的陈述句；而如果删去否定词"唔"，也不能形成疑问语气。安远话的这一句式与龙川县附城、老隆等镇的句式相同，龙川的"neg-VP-PRT"往往与"F-VP"同时使用，而我们所调查的安远县鹤子镇只有"neg-VP-PRT"表中性询问，暂未发现"F-VP"句式。不过，我们不排除安远县其他地方有"F-VP"句式，因为据刘纶鑫（1999）记载，安远县还有"阿无 VP"句式，如："你阿无去过北京？"（你有没有去过北京？）邓丽君（2006）猜测这很可能也是"阿（唔）VP"问句，因为"无"在客家话的发音中也含有［m］，刘纶鑫也将这一例句与定南话的"F-VP"问句相提并论。

综合上述对于"阿（唔）VP""咸（唔）VP""（有）唔 VP"的描述，我们概括这一区域"F-VP"问句的特点如下：

第一，发问词包含否定词的语音形式或直接就由否定词充当，所以我们称这个区域为"F-(neg)-VP"分布区。

第二，"F-VP"问句在当地比较强势，有些县可称为纯"F-VP"区，如广东的龙川、和平，江西的龙南、定南、寻乌、安远等。

第三，这一区域大部分曾经是古龙川县的属地。古龙川的疆域包括今天的龙川、兴宁、五华、河源、连平、和平等县，以及新丰、陆丰、紫金、寻乌等县的部分属地。今天的龙川应该是"F-(neg)-VP"的核心区，地理位置越靠近龙川，"F-(neg)-VP"句式在当地的影响力越大，距离远的则不使用"F-(neg)-VP"。如靠近梅州的兴宁、五华多用"VP 无"句式，而今天的紫金、陆丰已经处在"VP 无"区的包围之中，没有使用"F-(neg)-VP"问句。

刘镇发（1998）将江西的全南、龙南、定南与广东的龙川、和平、连平、翁源、惠州等地归为"粤中次方言"，认为"这个次方言跟别的客家话很不一样"，而他所划分的"粤中次方言"的范围与我们所调查的客方言的"F-VP"分布区域大部分重合。除了惠州以外，"粤中次方言"其他地方都属于"F-VP"区域。这也说明，这一片地域相连的"F-VP"分布区应该是同出一源的。

（二）赣南地区的"可 VP"型

赣南地区的"F-VP"问句分布广泛且类型多样，其具体形式包括"可 VP""几/既 VP""阿 VP"等。

1. 可 VP

赣州市区、赣县、信丰、南康、大余等地都使用"可 VP"，根据李如龙、张双庆（1992）的记录，赣县"可"的语音形式是 [kʰɛ]，如①：

---

① 此处例子出处：赣州市区引自《赣州市志》（1999：1092 – 1094），赣县引自李如龙、张双庆（1992：447），南康引自刘纶鑫（1999：748），信丰为笔者调查所得。

赣州_{市区}：你可去？（你去不去？）

　　　　你可是刘老师？（你是不是刘老师？）

赣县：可会来？（能来不能来？）

　　　可晓得？（会不会？）

南康：你□［ku］系渠个哥？（你是不是他的哥哥？）

大余：你可拿得起？（你拿得起拿不起？）

信丰：渠明昼日可会去学堂下？（他明天去学校吗？）

　　　你可要苹果食？（你吃不吃苹果？）

　　　你可会食鱼子？（你吃不吃鱼？）

　　　你可曾食鱼子？（你吃了鱼没有？）

　　　你可曾食饭？（你吃过饭没有？）

　　　你可要食鱼子起？（你还吃不吃鱼了？）

　　赣州市区、赣县、信丰、南康等县（区）地理上连成一片，形成一个"可 VP"聚集区。刘纶鑫（未刊）① 曾经指出赣南一些客家话"可 VP"的说法是受赣州官话影响的结果。据《赣州地区志》（1994）记载，赣州官话是一种西南官话，通行于赣州市城区和信丰嘉定镇［含同益乡（今同益村）部分地区］，旧时官员议事、学校教育、演戏等都用赣州官话。

　　除了"可 VP"问句，赣州等地也采用"VP 唔 VP"型问句，如：

赣州：你想唔想读书？（你想不想读书？）

　　　该本书厚吭厚？（这本书厚不厚？）

赣县：你去学校唔去？（你去不去学校？）

　　南康（十八塘乡）、信丰未然体通常是"可 VP"，动作性较强的动词前面经常会加上情态动词"会"，形成"可会-VP"，如：

㊻渠可会去？（他去不去？）

---

　　① 转引自项梦冰. 客家话反复问句中的合音现象［C］//北京大学中文系《语言学论丛》编委会. 语言学论丛：第二十五辑. 北京：商务印书馆，2002：152－167.

㊼你可会食鱼子？（你吃不吃鱼？）

㊽渠生得可标致？（她漂亮不漂亮？）

㊾你可欢喜唱歌？（你喜欢不喜欢唱歌？）

㊿你可系南康人？（你是不是南康人？）

51你可系好惹？（你是不是很热？）

52你家可有红糖？（你家有没有红糖？）

南康唐江镇以北一般不用"可 VP"，如大坪乡的未然体一般采用"会吗 VP"或"会 VP 吗"，如：

53你会吗食鱼？（你吃不吃鱼？）

54你会吗买书？（你买不买书？）

55你会吗睡觉？/你会睡觉吗？（你睡不睡觉？）

56渠生到还靓吗？（她长得漂亮不漂亮？）

2.　几/既 VP

于都、兴国、瑞金等县（市）地理上相连，形成一个"几 VP"分布区，"几"的语音形式一般为［t］，比如①：

于都：你几去看戏文？（你去不去看戏？）

　　　　底张画子几好？（这张画好不好？）

兴国：我□［t］应该来？（我应该来不应该来？）

瑞金：底多果子□［t］食得？（这些果子吃得吃不得？）

　　　　镬头坳□［t］有饭咻？（锅里有没有饭？）

黄小平（2013）认为宁都客家话也存在"F-VP"，其中"F"最基本的形式是"既"［tʃi］，"V"为"有""要""係"时，"F-VP"合音成一个音节。如：和"有"合成"周"，和"要"合成"照"，和"係"合成"□［tʃʰεi³⁵］"，这些合音可看成"F-VP"，能自己构成正反问句形

_____

① 　此处例子出处：于都引自《于都县志》（2005：633），兴国引自刘纶鑫（1999：748），瑞金引自《瑞金县志》（1993：837）。

式，如：

　　宁都：田底嘅水周吁？（田里的水有没有了？）

　　　　　秀花，这多饭脚你照？（秀花，这些剩饭你要不要？）

　　　　　问下你姆妈这多菜□［tʃʰɛi³⁵］食吁。

　　　　　（问问你妈这些菜她吃不吃了。）

　　"几/既 VP"区与"可 VP"区相连，也是"F-VP"问句与"VP-neg-VP"问句并存，如于都还采用"VP-VP"型正反问句，宁都还有"VP 唔""VP 唔 VP""VP 盲""VP 盲 VP"等正反问形式。

　　3. 阿 VP

　　"阿 VP"出现在吉安市的泰和县、赣州市的崇义县。在泰和县，"阿"的语音形式为［a²¹³］，如：

　　㊄你阿去南昌？（你去不去南昌？）

　　㊇你阿是老师？（你是不是老师？）

　　㊈阿是天晴？（是不是天晴？）

　　㊉渠身体阿好？（他身体好不好？）

　　上述几种"F-VP"问句主要分布在赣南地区，以赣州为中心。根据刘纶鑫（1999），赣州的上犹县、吉安的万安县也有"F-VP"问句，只是由于材料匮乏，尚不能知晓它们的具体形式。由于上犹、万安两县位于泰和、崇义"阿 VP"分布区之间，东面又与"可 VP""几/既 VP"分布区相邻，所以当地的"F-VP"很可能就是"阿 VP""可 VP""几/既 VP"当中的一种或几种。

　　和"F-(neg)-VP"分布区相比，赣南地区的"F-VP"问句有如下特点：

　　第一，各地"F"的语音形式多样，目前搜集到的有"可"［kɛ］、"几"⌞tsi、"既"⌞tʃʰi、"阿"［a］、"欸"［ɛ］等。从语音上听不出有否定词的语音成分。

　　同一个地方，"F"也可能有几种不同的语音形式。在大余县里，我们从刘纶鑫（1999）和李如龙、张双庆（1992）的不同材料中发现了几种不同的形式，如：

㉑你可拿得起？（你拿得起拿不起？）（“可 VP”）

㉒格来得赢？（还来得及吗？）（“格［ki］VP”）

㉓抑赢得到？（赢得了赢不了？）（“抑”VP）

㉔抑晓得？（会不会？）（“抑”VP）

可见在大余方言中，“F”的语音形式比较多样。实际上这种情况在其他地方也存在，比如赣县话中除了“可 VP”以外，还有“［t］VP”，如：“你［t］来？”（你来不来？）

第二，大余、瑞金、南康、信丰等地在对动作性比较强的动词提问时，往往在发问词“F”后面加上情态动词“会”，如大余的“你可会去？”，瑞金的“你几会去？”。这一特点与闽方言相同，如漳州话中的“敢”和谓词之间经常会加表情态的词“会”“要”“有”等。如：“你敢会相信这件事？”“这条裙子敢会漂亮？”“你敢有在？”“你敢要去？”

第三，赣南地区往往不是纯粹的“F-VP”问句区，“F-VP”常与“VP-neg-VP”及“VP-neg”并存。据《吉安市志》（2001），吉安市区“F-VP”问句的“F”是“咯”，“F-VP”与“VP-neg-VP”问句并存，如：

㉕你咯是去看电影？（你是不是去看电影？）

㉖你碶哩饭嗼？（你吃了饭吗？）

㉗你去不去嘞？（你去不去呢？）

二、客家话“F-VP”问句的特点和探源

（一）客家话“F-VP”问句的特点

从以上对粤赣交界处和赣南地区的“可 VP”类型的描写来看，这两个区域虽然在地理上相连，但是在各方面有不同的特点：

第一，“F-(neg)-VP”区的发问词“F”包含否定词的语音形式或直接就由否定词充当；从我们目前的调查和相关资料来看，“可 VP”的“F”

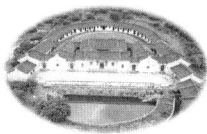

在语音上听不出有否定词的语音成分。"F-(neg)-VP"的"F"以零声母居多，多带鼻韵尾；而"可VP"的"F"以塞音和塞擦音声母居多，也有零声母，一般发音较短促。

第二，"F-(neg)-VP"分布的核心地区是龙川，几乎是当地中性询问的唯一句式，越靠近龙川，"F-(neg)-VP"在当地的使用频率越高，反之，其他距离现龙川县较远的古龙川属地已经不使用这一句式了。

而赣南地区往往不是纯粹的"F-VP"问句区，"F-VP"常和"VP-neg-VP""VP-neg"并存。赣南一些客家话"可VP"的说法是受赣州官话影响的结果，而赣州官话属于西南官话的一种。据丁崇明等（2005）的研究，西南官话中的"格VP"是从吴方言传过来的，那么赣南客家话的"可VP"与苏皖地区的吴方言渊源颇深，而且二者在地理位置上也比较接近。

第三，赣南部分地区如大余、瑞金、南康、信丰等在对动作性比较强的动词提问时，往往在发问词"F"后面加上情态动词"会"，构成"可会VP"，带有闽方言正反问句的特色，而"F-(neg)-VP"分布区没有这一特点。

当然，两地的"F-VP"类型也有相同点：

第一，基本结构相同，都是疑问副词置于谓词前提问，可用于中性询问。

第二，已然体的表达方式相同，一般是在发问词"F"的后面加上表已然的"曾"，再加上谓词提问，而表示经历的"曾"和否定的"唔曾"都是近代汉语的用法，与普通话中具有现代汉语特征的"VP没有"相比，客家话的"F-VP"属于较老的层次。

如龙川客家话是将"阿曾"或"阿唔曾"置于动词前，"阿曾"的语音形式在各镇有差异，如老隆镇一般读为［a⁴⁴tsʰɛn⁵²］，语速较快时一般读为［a⁴⁴nɛn⁵²］，龙母、通衢、丰稔等镇发音相似。紫市镇除了发"阿曾"之外，还有一个语音变体是"阿恒"［a⁴⁴hɛn³¹］。麻布岗镇除了

[a⁴⁴nεn]，还有"阿唔田"的说法。另外，紫市镇还可以在"F+（曾）+VP"后面再加上"曾"形成混合式，在句末加上"曾"表示强调是否已经完成某事，有追问的意味，"曾"还可以和语气词"噜"连用，如：

⑥⑧a.　阿曾煮好饭噜？（煮好饭了没有？）

　　b.　阿曾煮好饭曾？

　　c.　阿曾煮好饭曾噜？

其他使用"F-VP"的地区的已然体一般也是"F+（曾）+VP"形式，如：

寻乌：你有盟［miεn］食饭？（你吃饭没有？）

安远：你唔田买书？（你买书没有？）

　　　你唔停［mtʰing］去啊？（你去了没有？）

和平：你阿（唔）能［nεn］食有饭？（你吃饭了没有？）

　　　你阿能［nεn］跌有钱？（你丢钱了没有？）

南康：你□［tsʰa］冇食过鱼？（你吃过鱼没有？）

　　　你□［tsʰa］冇买书？（你买了书没有？）

　　　你□［tsʰa］冇食饭？（你吃了饭没有？）

（二）客家话"F-VP"问句探源

张敏（1990）曾考察过全南话中"［am］VP"和龙南话中"暗不VP"的来源，他认为这两种方言的"F"很有可能是闽南话里"敢"字的变体。由"敢"演化成全南话、龙南话的"［am］""暗不"，有可能经过了两种不同的途径：第一，表推度意义的"敢"增强疑问色彩，变成中性询问的标记；第二，由表反诘意义的"敢"衍生出来。

对于第一种假设，张敏的解释是"敢［kam］"脱落了声母变成［am］，由于在全南话、龙南话的音系中［-m］作为韵尾的地位已经消失，当地人便把［am］理解成一个含否定词"［m］"的合音形式，到了龙南话里甚至还把这个［-m］独立了出来，因此"敢"就变成了"暗不"。对于第二种假设，张敏的解释是"敢［kam］"脱落了声母，并且［-m］韵尾

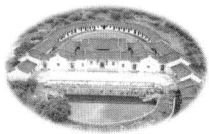

变成［-n］，这样，全南话中的［am］就是"敢不"的合音形式（"不"在全南话里念［m］），而龙南话里的"暗不"则是尚未合音的"敢不"。如图4-1所示：

现代"敢VP"　　　　　　　　　　　　　　　现代"暗VP"

　　　　　　　　　　　　　　音变

非中性"敢"————→中性"敢"————→［am］/暗不

图4-1　张敏关于"暗不"形成的推断

如果这两种假设成立，赣南客家话中的"［am］/暗不 VP"和闽南话的"敢 VP"同源，都来自表示非中性询问的"敢 VP"问句，只是在演变的进度上，前者更早更彻底，后者更晚，并且至今尚未完成。从地理上看，闽南话、闽西客家方言区和赣南客家方言区是连成一片的，相邻方言之间有可能出现平行的发展。从语音上看，"敢［kam］"与"暗［am］"韵母相同，而且新丰、翁源"F-VP"中的"F"是"咸［ham］"，这恰似是从［kam］到［am］的一个过渡，为上述的演变过程提供了一个旁证。

可是，从我们对客家话"F-VP"问句的观察来看，以下几个问题引发了我们的思考：

第一，诚如张敏文中所言："全南、龙南话不像漳州、台湾话那样还有另外一类反复问句，它们仅此一种。若把它们的这种反复问句看作后起的，那么在这类问句产生之前全南、龙南话的问句系统岂不是缺了反复问这一大块？抑或是这两个方言里从前存在过另一类反复问形式，新形式产生后旧形式便被淘汰了，从问句系统中悄无声息地退了出去。"①

第二，从我们对客家话各地"F"的语音形式的调查来看，龙川、和

① 张敏. 汉语方言反复问句的类型学研究［D］. 北京：北京大学，1990.

平的"阿（唔）"，新丰、翁源的"咸（唔）"，寻乌话的"有唔"后面的"唔"发音清晰而明确，可以单独为一个音节，越是老派的发音越强调后面"唔"的发音，反而是新派的发音中容易脱落［m］韵尾变成"阿"。而且龙川四都、黄石与和平东水镇等地的"阿不VP"句式更是一个有力的证据，说明这些地方的发问词"F"含有否定词或曾经含有否定词而后慢慢脱落了。所以，张敏的第一种假设中"敢［kam］"脱落了声母变成［am］这一说法有待商榷。

第三，在日常生活中，中性问句的使用频率远远高于表示反诘、测度的非中性询问。为什么反诘问会演变为中性问？汉语许多方言中都有"敢VP"问句，但大多用来表示非中性询问。张敏（1990）列举了客家话（新泉、永定）以及淮阴话、徐州话、平遥话、清涧话、北京平谷话、沭阳话、河南话中的"敢VP"，而这些地方的"敢VP"都是表示非中性询问的。郭校珍（2005）在描述山西晋语的"敢"字句时也指出，"敢"字句是非真性问句。"本质上是一种无疑而问的是非句，这是它跟'阿VP'问句的根本差别。"从我们目前掌握的材料来看，除了福建漳州话和台中方言的某些"敢VP"问句可以表示中性询问以外，其余各方言的"敢VP"没有见到向中性询问变化的迹象。

第四，粤赣交界处的"F-(neg)-VP"也就是我们所调查的"阿（唔）VP"和"咸（唔）VP"几乎是唯一的中性问句。在这些区域的周围，我们也没有发现"敢VP"由非中性询问转向中性询问的过渡状态，即"敢VP"问句表示中性询问的情况达到相当的数量，但同时还有相当一部分用来表示非中性询问的状态。实际上，在漳州以外，除了新丰的"咸（唔）VP"之外，我们至今尚未进一步发现"敢VP"用来表示中性询问的情况。所以，我们认为全南话中的"［am］VP"和龙南话中的"暗不VP"应该不是闽南话里"敢"字的变体。

另外，我们也有个猜测：从目前的研究成果来看，汉语方言中"F-VP"分布比较集中的是江苏、安徽两省周围，而客家人又是自北南迁的汉

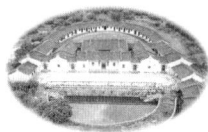

人，那么，粤赣地区的"F-VP"有没有可能是由途经苏皖的北方汉人带来的呢？因为江苏、安徽是古代中原人南迁的重要途经之地。谭其骧（1934）认为晋末"永嘉南迁"的北方汉人大多数流入今江苏、安徽等省，真正如罗香林所述到达江西的其实并不多。据吴松弟所言："今浙沪两省市和苏皖两省长江以南部分的江南地区，吸收的移民人数最多，是移民的主要迁入区之一……北方移民在江南的分布面特别广，以江南平原的苏州、常州、升州、杭州、越州及皖南山区的宣州、歙州等州较为密集。"①这些移民分布的地方正是目前"F-VP"分布集中的地方。后来，这些北方汉人有的留居苏皖，有的回迁北方，也有部分继续南迁到了赣闽粤。据张敏（1990），汉魏六朝时期已经形成"F-VP"的结构模式，"岂VP""宁VP"这样的问句大量出现，宋元时期，表示中性询问的"可VP"已经发展成熟，成为某些方言普遍使用的反复问句形式；到了明代，"可VP"已经大量出现。从时间上来看，这种可能性是存在的，但还有一个问题是：从移民的来源看，梅州、兴宁、五华等地的移民也是自北而南的，那为什么这些地区没有"F-VP"问句呢？我们尝试着引用目前学术界关于龙川话属于"老客家话"的论断进行解释。庄初升（2008）在《广东省客家方言的界定、划分及相关问题》中区分了"老客"和"新客"的概念，他认为"老客"指的是"唐五代以后，特别是两宋期间直接由江西等地进入广东东江中、上游地区和北江中、上游地区而基本不再事转徙的迁民，这些迁民所带来的方言成为今天'老客家话'的直接源头"，广东省内客家话的"F-VP"句式大多属于东江流域的"老客家话"②；"新客"指的是"唐

---

① 吴松弟. 唐后期五代江南地区的北方移民［J］. 中国历史地理论丛，1996（3）：99-113.

② 东江流域的"本地话"除了分布在惠州城区及郊区以外，还分布在：①惠阳区的平潭、良井、永湖、秋长、镇隆等乡镇；②博罗县沿江平原地带的龙华、龙溪、泰美和观音阁等乡镇；③惠东县西北角与惠城区交接的地区；④源城区及东源县的大部分地区；⑤紫金县西部的临江、古竹等乡镇；⑥龙川县南部的佗城、老隆（县城）、四都等乡镇；⑦连平县东南部的忠信、油溪、高莞、三角、大湖、绣缎等乡镇和西北部的隆街、田源、溪山等乡镇；⑧和平县的东水、林寨、彭寨等乡镇；⑨新丰县的丰城、马头、石角、大席、梅坑等乡镇。

五代以后由江西等地迁入福建西部的宁化、长汀一带，宋元之交到明末之间，再陆续迁徙到粤东、粤北等地的迁民"。"老客家话"分布在粤中东江流域中、上游地区，以及粤北北江流域中、上游地区，与"新客家话"穿插交错。庄初升（2008）认为，"东江中、上游地区是广东最早开发的地区之一。……东江的源头寻乌水和定南水都在江西南部的寻乌县，是历史上江西等地的居民进入东江流域的自然通道"。可见，广东省的"F-VP"句式与江西的相关句式应该是有一定渊源的。"老客家"和"新客家"因为形成时间和移民来源不同，所以形成了两种不同类型的正反问句。

至于赣南的"F-VP"，虽然与"F-(neg)-VP"分布区相距不远，却有着很不相同的特点。刘纶鑫（1995）认为，近代以来赣南居民的祖先迁入赣南主要有三个时期：①南北朝至宋末；②元明时期（主要是明嘉靖以前）；③明末至清代前期。在方言调查和移民史研究的基础上，刘纶鑫对赣南客家话进行层次划分，我们将其划分的层次与前文的正反问句分布对照：

分片	移民来源时间	正反问句分布
中心片：	以②期移民为主	"可 VP"
宁石小片：以①期移民为主		无"F-VP"区
环形片 散形小片：以②期移民为主		"阿（唔）VP""阿 VP"
交叉小片：混合各期移民		"可 VP""阿（唔）VP""几 VP"

图 4-2　赣南地区移民来源时间和正反问句分布对比

从对照中我们发现，不采用"F-VP"问句的宁石小片是南北朝至宋末迁徙而来的，那么他们离开北方原籍地应该是在更早的时候，很有可能那时"F-VP"尚未发展成熟。

中心片的"可 VP"和交叉小片的"几 VP"则有可能是当地居民从北边的苏皖地区带来的，因为他们迁入赣南的时间正是"可 VP"问句发展成熟并大量出现的时候，而我们前文也提到赣南"可 VP"中"可"的语

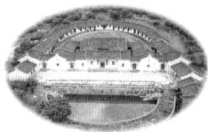

音形式与苏皖地区的"可"相近。另外，我们在赣北、赣中的赣方言中也发现了"F-VP"，这一带正好将赣南和苏皖从地理上连接了起来，形成我们前文所说的条状"F-VP"分布区域。此外刘纶鑫认为赣南一些客家话中"可VP"的说法是受赣州官话影响的结果，赣州官话属于西南官话，西南官话中的"格VP"目前公认是江淮方言带来的，所以，我们认为这一片的"可VP"与苏皖地区的"F-VP"应为同起一源。

散形小片的居民是明清之际客家人从闽粤回迁入赣的，当地的客家话与粤东的客家话接近，正反问句的类型也相同，属于"暗VP"或"阿（唔）VP"类型，而且都是纯粹的"F-VP"区域，不像中心片和交叉小片一样，有其他形式共存。值得我们注意的是，这一区域的寻乌县以及广东省的龙川、和平、河源、新丰等都属于古龙川县的疆域，联系绪论中谈到的龙川历史，我们猜测，"阿（唔）VP"句式应该是古龙川县常用的正反问句形式。

综上所述，我们认为赣南客家话的"F-VP"问句应该是直接来源于苏皖地区（"F-VP"问句分布的核心地区）；而以龙川为中心的粤赣交界地带的"阿-neg-VP"与赣南地区的"F-VP"差异较大，二者的来源是否相关，目前我们尚无法确定。

第二节　客家话"VP-neg"问句的类型和特点

客家话正反问句中使用最广泛的是"VP-neg"。由于时体、地理位置的不同，各地"VP-neg"的否定词"neg"存在差异，句子结构也存在一些不同：从时体来看，表未然询问的"neg"一般是"无"，表已然询问的"neg"多数是"唔曾"及其丰富的语音变体；从地域分布来看，各地广泛使用的是"VP无"，但粤西客家话除了"VP无"之外，还可以用"VP吗"，靠近闽方言区的客家话则常在"VP无"前面加上情态动词"会"、

"爱"（要）；从历史层面来看，客家话早期文献所记录的正反问句多使用
"VP 唔"，这一句式目前仍零星保存在某些地方的客家话中。

一、客家话 "VP-neg" 问句的类型

（一）广泛使用的 "VP 无" 和 "VP 唔曾"

广东省内的客家话未然体广泛使用 "VP 无" 句提问，其中，"无" 写
作 "么" "麼" 或 "没"，其语音形式一般为［mo］。但有些地方的 "VP
无" 除了用于未然体的询问外，也可用于已然体的询问，下文将会对这一
现象进行讨论。下面的例子既有未然体的，也有已然体的，如：

梅县：渠靓麼？　你爱出去买菜无？

兴宁：当昼睡目无？　你去广州无？　你中意无？

石岭：尔看几本书无？

樟木头：你食饭无？　你打电话分渠无？

云浮：渠去无？　你身体好无？

连平：水沸无？　雅妈在屋下无？　你食得两碗饭落无？
　　　　你类来偓屋下食饭无？

紫金：你走无？　你中意食粥无？　水深无？

丰顺：渠去北京无？　花开无？

东源：你食饭无？　你去学校无？　你买票无？

始兴：你来无？　有电无？　你有屋无？　你身体好无？
　　　　哩朵花会香无？

信宜：你食饭无？　你买书无？　水深无？

电白：渠去无？　你食饭无？

廉江长山镇：你爱粥无？　你影唱歌无？　朵花香无啦？
　　　　　　你打电话分渠无啦？

廉江石岭镇：你中意唱歌无？　撩渠借钱无？
　　　　　　借你嘅笔用下，得无？

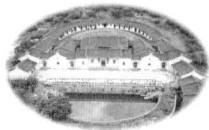

其他省的客家话使用"VP 无"的频率不尽相同，有些地方以"VP 无"为主，如广西陆川等；有些地方以"VP-neg-VP"为主，偶尔出现"VP 无"。如：

广西贵港：你中意无？　你中意唱歌无？　分钱渠无？

　　　　　　你攞得郁无？

广西陆川：暗晡夜落雨无？　去食香蕉无？　你写得好无？

江西石城：你过年去归么［mo⁴⁵³］？　饭熟来么？　你个木料卖么？

台湾美浓：有卖无？　有学倒有无？

台湾苗栗：识渠无？　你会剃头无？　你识泅过水无？

福建新泉：晨晡去担樵无？

在有"VP-neg"问句形式的方言里，绝大多数是表未然和表已然的两套否定词能共现的。前文提及客家话未然体使用最广泛的形式是"VP 无？"，而相对应的已然体使用最多的是"VP 唔曾？"，据张双庆、庄初升（2001），"唔曾"是客家话中常用的否定副词，一般置于动词或者动词性短语之前，表示对从前有过某种动作行为或情况的否定，相当于普通话的"不曾"。"唔曾"在各地的语音变体较多，以下列举时我们一般只注声韵，不注声调，因为我们在调查各地正反问句时，一般比较关注类型，没有对当地的音系进行深入描写，对一些摘自其他学者文献的材料，也没有注音及标调。

1. 唔曾［m̩tsʰen］

连城：水烧唔曾？　盐买唔曾？　归屋底唔曾？

贺州：你食饱唔曾？　你知得这道题样班解唔曾？

2. 无曾［motsʰen］

信宜：你食饭尢曾？　过年的衫裤买好无曾？　你买书无曾？

3. 唔连［m̩liɛn］

兴宁：渠去哩唔连？　你食饭唔连？

惠州陈江：你食饭唔连？

成都泰兴：你食完唔连？　佢走诶唔连？［m¹³ liɛn¹³］

4. 唔田　［m̩tʰiɛn］

惠州惠城：渠去唔田？　你食饭唔田？

紫金义容：你食饭唔田？　你买书唔田？

5. 盟　［mɛn］

东莞樟木头：你吃饭盟［mɛn²²］？　打电话分渠盟［mɛn²²］？

连平元善、大湖：渠去过盟？　你买书盟？　渠在改打麻将盟？

丰顺"三汤"：你去过盟去过？

6. 盲/唔/言　［maŋ］

兴宁：你食哩昼盲？　屋肚里炒等菜盲？

博罗福田：渠去开盲？

增城正果：渠身体好滴言？　你冲凉言？

　　　　　　你买过渠个书言？　镬头炒等菜言？

廉江石岭：渠去了［liau］盲？　你食了饭盲？　你食晏昼盲啊？

贺州：你知道这道题样班解了未［maŋ³²³］？

温昌衍（2003）认为否定词"唔"［maŋ］（阳平调）在客家话中经常可见，梅县、长汀、增城、宁都、石城、兴宁、连城、香港新界都有这个词。练春招（1998）认为可将该词当作客家方言的一个特征词。罗杰瑞（1995）和张双庆、庄初升（2001）认为该词最有可能是"唔曾"的合音。温昌衍觉得这一观点"从意义上相当吻合，但语音上存在问题，因为从音系看，客家方言整个曾摄都无 aŋ 读音"，他认为"唔"源于义同"唔曾"的"唔省"，是"唔省"合音的结果。因为历史上"省"是"曾"的同义词，而"省"在客家方言里尤其是白读层里普遍读为［saŋ³］，音义都吻合。

7. 曾

东源县顺天镇的"VP 唔曾"句式中的"唔"常常脱落，变成"VP

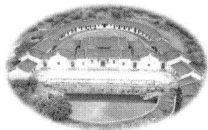

曾"句式:

⑥深圳你去过唔曾？ —→ 深圳你去过曾？

⑦你买票唔曾？ —→ 你买票曾？

综上所述，客家话中相当于"没有"的否定副词"唔曾"由于变音、合音和语音脱落等，在各地的发音各不相同，我们总结如下：

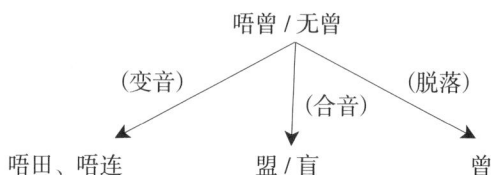

图 4-3 "唔曾"各种语音变体的形成

（二）几种特殊的"VP-neg"

1. "VP 吗（无啊)？"

粤西片客家话还出现了一个独特的"VP 吗 [ma]?"，如：

揭西：渠去吗？ 你还食点水吗？ 你身体好吗？ 你唔识佢吗？

廉江：你惊吗？ 朵花香吗？

这种句式是和"VP 无 [mo]?"句式同时使用的，"无"后有时还可以加上语气词"啊"或者"啦"，如廉江长山话同一语义可以有三种不同的表达：

⑦a. 你惊无？ b. 你惊无啊/啦？ c. 你惊吗？

⑦a. 你爱粥无？ b. 你爱粥无啊/啦？ c. 你爱粥吗？

⑦a. 朵花香无？ b. 朵花香无啊/啦？ c. 朵花香吗？

以上三种形式可以互换，而语义不发生改变。据林华勇（2005）考察，普通话的"你去不去?"，广东廉江的粤方言可说"你去无?""你去无啊?""你去吗?"等，疑问语气词"吗"由否定词"无"和"啊"合音而成。客家话中的"VP 吗?"可能是受粤方言影响产生的或者是由相同的生成机制形成的。

据石佩璇①，早期客家话文献《客话读本》中就有兼表中性问、测度问和反诘问三种语气的"VP吗？"句式，她认为"VP-neg"问句中动词性弱的形容词、"是"和"有"首先进入"VP吗？"格式，向前发展出更成熟的是非问句。

2. "a-VP-无？"

靠近闽方言区的客家话正反问句"VP-无？"句式有时会在动词前面加上能愿动词"爱"（要）、"会"等构成"a-VP-无？"句式，如：

普宁：你爱去无？ 你爱买书无？ 水会烧无？ 水会深无？

丰顺：渠爱去揭阳无？（他去不去揭阳呢？）

3. "VP系昧？"

李小华（2014）认为永定话有一种特殊的"VP-pos-neg"式反复问，"pos"指代肯定词"係""好"，"neg"指代否定词"嚜［mei²¹］""无［mou⁵²］"，如：

⑭这你吔烟园係嚜？（这是你的烟田对不对？）

⑮帮偲一下好无［mou⁵²］？（帮我一下好不好？）

据我们的调查，这一句式在其他地方也常见，如：

云浮：你去过渠唔卡系昧？（你去过他家是不是？）

紫金：你今晚唔去系昧？（你今晚不去是不是？）

梅县：渠走欸系昧？（他走了是不是？）

李小华认为"VP-pos-neg"反复问句其实是一种过渡的形式，从中可

---

① 本书中《客话读本》的引例均出自石佩璇《早期客家话文献〈客话读本〉的反复问句及其历时演变》，在此表示谢意。《客话读本》是瑞士巴色会传教士经缇福（C. G Kilpper）在1911—1936年，用客家方言编写的用于客家话教学和传教工作的阅读课本，1936年在老隆出版。《客话读本》一共八册840篇，约58万字，全部用汉字写成，内容以中国民俗故事、日常生活对话、基督教道理、客家风俗介绍为主，口语程度较高，较好地保留了当时广东中、东部客家话的实际情况。现藏于瑞士巴色会总部图书馆。石佩璇根据香港中文大学人类学系朱大成教授、中山大学中文系庄初升教授提供的图片整理。

窥见一些反复问句与是非问句之间的有机发展环链，其演变如下：

VP-neg-VP	VP-pos-neg	是非问

VP 係唔嚟［mei^{21}］……——→ VP 係嚟［mei^{21}］……——→VP 嚟［mei^{21}］

VP 好唔无［mou^{52}］……——→VP 好无［mou^{52}］……——→VP 无［mou^{52}］

4. 层次较老的形式"VP 唔"

据西洋传教士所编写的粤语和客家话的历史文献记载，早期粤语和客家话的正反问句形式是"VP 唔"，这目前在客家话中已经不多见，只是在某些乡镇出现，而且往往和"VP 无"共现，如：

铁场：你今晚去唔？ 你买书唔？

惠州：明日唔使返学，你知唔？ 你去问啊间厂重爱人唔？

宁都：你去唔？ 小林看唔？ 邻舍你去赶圩（赶集）唔？

泰兴：普通话讲得标准唔？ 你来唔？

永定：渠个话你识听唔？ 你爱赶圩（赶集）唔？

贺州：佢记得倒唔？ 佢会跳舞唔？ 例首歌好听唔？

泰兴的客家话既可以说"你来唔来？"，也可以说"你来唔？"，但兰玉英（2007）认为是前者隐去后面动词的结果。如"VP 唔"是永定话中最常见的"VP-neg"式反复问句，相当于普通话的"VP 不"，一般用于未然的语境中。永定话既有"VP 唔"，也有"得知听到无？"这样的用法。铁场镇也只有个别村有"VP 唔"的用法，其他的都是"F-VP"句。

据庄初升、黄婷婷（2014）对从巴色会文献的考察来看，一百多年前新界客家方言最常用、最典型的正反问句形式是"VP 唔"，否定词"唔"是处于句末表示正反问的否定副词，仍然读阴平本调而不读轻声。对方肯定式的回答是"V"，否定式的回答是"唔 V"，如：

⑯禹兜明白唔？

⑰有七百够唔？

⑱禹话佢知，禹系罗马人唔？（路加《使徒行传》第二十六章）

石佩璇认为，《客话读本》中记载的客家话正反问句主要采用"VP-neg"形式，常用"VP 唔"形式，表示已然用"VP 唔曾"，如：

㉧尔爸在屋下唔？（你爸爸在不在家？）（《客话读本》第 57 课）

㉨先生会讲唐话唔？（先生会不会讲汉语？）（《客话读本》第 45 课）

㉩买哩票唔曾？（买好了票没有？）（《客话读本》第 289 课）

㉪这只"觉"字你读过唔曾？（这个"觉"字你读过没有？）（《客话读本》第 56 课）

综上所述，我们发现客家话未然体正反问句中"VP-neg"和"VP-neg-VP"都比较普遍，而已然体则更常用"VP-neg"和"有冇 VP"问句，前者的否定词一般是"唔曾"或"盟"等，而不是普通话常用的"没有"。在各地的客家话中，也有些地方的正反问句将表示已然的否定词置于肯定形式和否定形式中间，形成"VP-neg-VP"式，如丰顺和连平就存在"VP 阿盟 VP"的用法（见表 4-2），但是这种句式一般与"VP 唔曾"同时存在，而且使用频率也不如"VP 唔曾"高。

115

表 4-2　丰顺与连平的正反问句形式

类型	方言点	
	丰顺（"三汤"）	连平（大湖）
VP 阿盟 VP	佢走阿盟走？	你去阿盟去？
VP 盟 VP	你去过盟去过？	你买盟买书？
VP 盟	你喫过蔗盟？	你买书盟？

二、客家话"VP-neg"问句的特点

（一）客家话"VP-neg"的问句既有普遍性也有地域区别

普遍性是指不管是广东还是广西、江西、四川、台湾等地的客家话，"VP-neg"问句句末的否定词相近，表未然询问的"neg"一般是"无"，表已然询问的"neg"多数是"唔曾"（包括其多种语音变体），只是语音

形式稍有差异而已。区别是指由于所处的地理环境不同，受周边语言影响，也会出现一些不同的形式，如粤西客家话除了"VP无"之外，还可以用"VP吗（无啊）"，可能是受粤语影响所致；靠近闽方言区的普宁客家话则常在"VP无"前面加上情态动词"会"、"爱"（要），而这正是闽方言正反问句非常重要的一个特点。某些地方的客家话仍零星保存着客家话正反问句的早期形式"VP唔"。

（二）各地"VP-neg"句末的"neg"发生不同程度的虚化

1. "无"的语法化

关于"无"的语法化，我们主要从两个方面进行考察：一是看"无"与否定词的关系，二是看"VP无"提问的范围。首先，我们根据"无"的使用情况分成两类：①"无"仍充当否定词的，如陆河、信宜、梅县等地。②"无"不充当否定词的，大部分客家话里常用的否定词是"唔"［m̩］和"冇"［mau］。"VP无"中的"无"已经不能算是一个否定词（neg），后面已经虚化成一个准疑问语气词。我们以信宜话、石城话为例，与普通话对比。

A. 普通话：你今天来不？——来。/不来。

B. 信宜话：渠去无？——去。/无去。

C. 石城话：你过年去归么？（你过年回家吗？）

　　　　　——去/唔去。（回。/不回。）

　　　　饭熟来么？——熟来。/冇熟。

　　　　猪有大么？——有。/冇（大）。

A中"不"的后面可以补出"VP"来，变成"你今天来不来？"，即从"VP-neg"式扩展为"VP-neg-VP"式，而C中"么"的后面却不能补出"VP"来。回答问题时，A中的"不"和B中的"无"可以作为否定词来构成否定回答，而"么"不行。石城话的否定回答用"唔"或"冇"，"无"在石城话中不充当否定词，而且置于句末时既可以对已然体提问，也可以对未然体提问，语法功能接近普通话中的"吗"①。可见，客家话"VP-neg"式后面的"neg"性质不尽相同。有些地方的"无"仍是主要的否定词，有些地方从特征上来讲已经变成了疑问语气词，只能置于句末。

其次，我们比较各地"VP无"提问的范围。我们以同属于惠州市的陈江街道（惠城区）、汝湖镇（惠城区）和罗阳街道（博罗县城）为例来观察客家话中"VP无"发展的不平衡性。由表4-3可见，汝湖话未然体和已然体的提问保留了"VP无"和"VP盟"的对立，罗阳话中已然体使用"VP-已然体标记-无？"提问，陈江话则是二者兼备。这表示博罗话中"VP无"的使用范围扩大，取代了"VP唔曾"提问已然的功能，说明"VP无"的句法功能增加。

表4-3　惠州三镇"VP-neg"句式的比较

时体	方言点		
	罗阳	陈江	汝湖
未然体	渠去无？	渠去无？	渠去无？
	你中唔中意食粥？	你中唔中意食粥？	你中唔中意食粥？
已然体	渠走抛［pɔi］无？	渠走啊啦？	渠走欸盟？
	你食欸饭冇/无？	你食饭唔连？ 你食得饭无？	你食饭盟？

梅州的梅县、大埔等地都属于罗阳这种类型，"VP"后面加上完成体助词"欸"，然后加上否定词"无"；河源源城是在"VP"后面加上完成

---

① 之所以说接近，是因为普通话"吗"的部分功能，石城话中的"么"还是不具备，如普通话的"吗"可以用在否定陈述后，而石城话中的"么"不行。如：

普通话：今天不是年初三吗？　饭没熟吗？

石城话：*今朝蛮係年初三么？　*饭冇熟么？

体助词"抛""咯""撇",然后加上"无",如:

梅州:渠去欸无? 你作业做撇欸无? 你食欸饭了无?

河源:渠去抛无? 你食饭咯无? 你买撇书无?

中山五桂山:渠去开啦? 你食欸饭啦? 你食过饭啦?

你买过冇? 饭熟欸冇?

可见,梅州、河源市区的"无"不但可以表示未然体,还可以表示已然体,兼有"唔曾"的功能。

2."唔曾"的语法化

各地"唔曾"的语法作用也存在差异,处在语法化的不同阶段,根据疑问句中"唔曾"的虚化程度,我们将其分成以下几种类型:

(1)VP+唔曾(表已然)。

紫金:你食(饭)唔曾? ——唔曾食,饭还唔曾煮好。

(你吃饭没有? ——没有吃,饭还没有煮好。)

贺州:你衫裤洗唔曾呢?(你的衣服洗了没有?)

(2)VP+完成体助词+唔曾(表已然)。

因为"VP唔曾"式都是询问此时此地以前,某事或某动作是否已经完成,是询问已然与否的,所以"VP唔曾"动词前后在形式上总有些表已然的形式标志,常见的是动词后有完成体标记"过""倒"和"开"等,如:

博罗长宁:渠食饭唔田? 渠去开唔田? 渠食开饭唔田?

龙川车田:去过唔能? 食欸饭唔能?

梅县:你食欸饭唔曾?

宁都:细后生,你爸上来欸吂?

云浮:你食饭唔盟? 你去了唔曾? 你去过唔盟?

(3)VP+盲有/盲(表未然)。

据李小华(2014),永定话的"VP盲有"用于询问,相当于古汉语的"VP不曾/未曾"反复问。在表达这一语义时,永定客家话有时也可以说成"VP 盲连/唔连",语义功能相当。如"VP 盲"是"VP 盲有"的简说,除了可表达"VP 盲有"的语义外,还可用于表达是否打算实现某一动作行为:

　　㉝大家出行盲有?(大家出发了没有?)

　　㉞饭煮好欸,食盲?(饭煮好了,吃不吃?)

　　㉟佢哋女欸爱讲人盲?(他的女儿想不想找对象?)

　　可见,永定话中的"VP 盲"询问的范围扩大,除了用于已然体之外,还可以询问将然的动作行为。

　　客家话的"唔曾"和普通话的否定副词"没有"的词义一样,表示否定动作或状态已经发生。用"VP 唔曾"来询问在此之前某一动作行为是否已实现或某种情状变化是否已具有是客家话的普遍现象。"VP 唔曾"也有语法化的倾向,主要表现如下:第一,"唔曾"开始出现合音或语音脱落现象(见图 4-3),与前置作否定副词相比,语音有弱化的倾向,这是各地普遍的情况;第二,有些地区如永定的"VP 唔曾"提问的范围突破已然的限制,可以用于非已然的提问。但是与"VP 无"相比,"VP 唔曾"语法化的步骤要缓慢很多,只有个别地区的"VP 唔曾"可用于未然体。

　　"VP 无"和"VP 盲"的语法化既有平行性又有不平衡之处,"VP 无"中"无"的虚化程度更高一些,朝着是非问的方向走得更远一些,而"VP 盲"则相对发展缓慢。

(三)　各地的"VP-neg"结构相同,类型可能不同

　　一般的现代汉语教材将"VP 不?""VP 没有?"这类"VP-neg?"问句归入正反问句,如邵敬敏(2010)认为"VP-neg?"是正反问句的省略的变化形式,而游汝杰(1993)则将这一句式归入是非问句。客家话正反问句使用最广的形式是"VP-neg",其中未然体后面的否定词一般是"无"(不少文章记成"麼"),而已然体后面的否定词一般是"唔曾"(包括"唔连""唔田""唔能""唔恒"等变体)或其合音形式"盲"(包括"盟""能"等变体)。关于客家话中"VP-neg"的归属,一直存在争议,

主要观点如下：

1. "VP 无"是反复问句（正反问句）

兰玉英等（2007）、李小华（2014）认为"VP-neg"是"VP-neg-VP"型反复问句的简略形式，是后者省略否定词后面的动词的结果。

2. "VP 无"是是非问句

王力①认为，现代汉语的疑问语气词"吗"的较古形式是"麼"，"麼"是从"无"变来的，在唐代已大量使用"无"作疑问语气词，现在粤语和客家话大部分用"无"作疑问语气助词。"VP 无"问句是从古代的"VP-neg"问句演化而来的，就像普通话的"吗"来源于反复问句的否定词一样，"无、么、麼"也是从否定词虚化而来的。

3. "VP 唔曾/盲"是反复问句

一般认为"VP 唔曾"是反复问句，因为"唔曾"目前在客家话中仍用为否定副词。多数人同意"VP 盲"是反复问句这一观点，原因在于："盲"没有完全虚化为一个语气词，仍保留有"未曾、唔曾"的语义，而且在回答这类问句的时候，否定性的回答仍可以使用"盲"。

4. "VP 盲"是是非问句

邵敬敏、周娟（2007）则认为"作为正反问的'VP-neg'末尾都必须出现有明确否定义的副词，或者否定副词再加上语气词（两个比较独立的音节）。凡是否定副词跟语气词已经合为一个音节，不能再区分开来的，一般都不看作正反问句，而是是非问句"。例如大埔话中的"来盲?"（来吗?）。

确定"VP-neg"归属的核心在于认定"无""盲"和"唔曾"是否定

---

① 王力. 汉语史稿：中册 [M]. 北京：中华书局，1980：452. "无"的上古音是 miwɑ，它的文言音和白话音是分道扬镳的：文言音逐渐变为轻唇（mǐuɑ —mǐwɑ—vu—wu），白话音则保留着重唇 m 而丧失了韵头。即"无"上古属明母鱼部，读 miwɑ，后又读 mɑ，而"麼"在中古属明母戈部，读 mɑ，"吗"在现代也读 mɑ，三字是一声之转，所以"无"到后代逐渐虚化发展成纯粹的疑问语气词"麼""吗"。

副词还是疑问语气词。"唔曾"是否定副词一般没有争议,以下我们重点讨论"无"和"盲"的界定。我们参考魏培泉的《从否定词到疑问助词》中"不"转化为疑问助词问句的标准①,比较客家话中的否定词和"VP-neg"句末的"neg",考察"neg"的语法意义,认为客家话中疑问句句尾的"无""盲"正处在由否定词向句末语气词虚化的过程,但是虚化得还不彻底,其功能不能和普通话中的疑问语气词"吗"相提并论,原因如下:

第一,普通话中的"吗"既可以用于未然,也可以用于已然的环境,而客家话一般"无"和"盲"无论语音形式还是语义功能都可以清楚区分。

第二,不少地方的客家话"VP-neg"和"VP-neg-VP"同时使用,两种句式中的"neg"是一致的,如:

永定:你天光日来唔来?　　　　你天光日来唔?

　　　你上昼做事无做事?　　　　你上昼做事无?

泰兴:你记唔记得倒?　　　　　　你记得倒唔?

丰顺:你去过北京阿盟去过?　　　你去过北京阿盟?

　　　佢爱走阿唔走?　　　　　　佢爱走阿唔?

第三,否定的语义还保留着。客家话的"盲"普遍可用于对已然语境的否定,"无"在梅县、信宜、廉江等地依然是表示否定的词语。

第四,"吗"不能用于回答问题,而客家话"VP-neg"中的"盲"一般仍能独立地对问话作出否定回答,"无"在有些地方也能用于答句。

为了和"VP盲"保持统一,我们在归类上仍将这种句式处理成正反

---

① 魏培泉. 从否定词到疑问助词 [J]. 中国语言学集刊, 2007 (2): 23 – 55. 其提出的标准如下:①"VP 不"用作选择问句的选项;②句末"不"和否定副词或否定动词共现;③句末"不"和疑问副词共现;④句末"不"和反诘副词共现;⑤句末"不"和测度副词共现;⑥"VP 不"虽不依赖反诘副词或测度副词但用于反诘问或测度问;⑦句末的"不"和疑问助词"乎"或"耶"在相同的语境下使用。

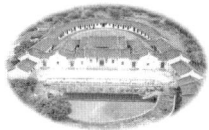

问句。因为如果"VP盲"是正反问句，而有些地方的"VP无/么/麽"又归入是非问句的话，操作上比较不便，语感上也难以接受。但对于不同客家话中的"VP无/么/麽"要区别对待，而且各地的"VP-neg"也有可能有不同的来源。

第三节 客家话"VP-neg-VP"问句的类型和特点

"VP-neg-VP"在各地客家话中的地位是不同的，有些地方如广东梅县、普宁、樟木头和广西陆川等地使用"VP-neg-VP"的频率远远不及"VP-neg"，而且主要是在年轻人中通行，老一辈的人通常不使用。而在另外一些地方如始兴太平、华蓥镇凉水井村、连城新泉、宁化等，它是未然体正反问句的主要形式。

"VP-neg-VP"可以分成三小类：一是"V-neg-VP"，第一个动词和否定词之间没有别的成分，如"食唔食饭?"；二是"VP-neg-V"，如"食酒唔食?"；三是"VV（P）"，重叠的动词之间没有任何别的成分，如"来来?"，一般认为这一形式是"V-neg-V（O）"中的否定词省略的结果。

一、客家话"VP-neg-VP"问句的类型

（一）常用类型

"V-neg-VP"这一形式使用广泛，尤其是在年轻人中。否定词可以是"唔"或"无"等，其中使用最广泛的是"V唔VP"，这与客家话普遍使用否定词"唔"有关。使用"V无VP"的主要分布于粤西①，如：

湛江石岭：尔看无看几本书?（你看不看这本书?）

你怕无怕蛇?（你怕不怕蛇?）

---

① 粤东梅县有些村子也使用，需要进一步核查。

　　　　　水深无深？（水深不深？）

茂名电白：渠去无去？（他去不去？）

　　　　你食无食饭？（你吃不吃饭？）

　　　　你中无中意唱歌？（你喜不喜欢唱歌？）

　　　　底朵花香无香？（这朵花香不香？）

信宜：水深无深？（水深不深？）

　　　细人咳无咳？（小孩子咳不咳嗽？）

　　　你中无中意唱歌？（你喜不喜欢唱歌？）①

汕尾陆河：你买无买书？（你买不买书？）

崇义县过埠镇未然体一般使用"V 唔 VP"提问，如：

你食唔食饭？（你吃不吃饭？）

你欢唔欢喜唱歌哦？（你喜不喜欢唱歌？）

你歇唔歇觉哦？（你睡不睡觉？）

有时会在前面加表情态的"会"，形成"a-V-neg-VP"形式，如：

⑧你会来唔来？（你来不来？）

⑧你会去唔去买书？（你买不买书？）

　　尽管客家话中"V-neg-VP"占绝对优势，但仍存在"VP-neg-V"
句式：

连城新泉：等刻扫地下唔扫？（一会儿扫不扫地？）

宁化：你烧樵不烧？（你烧不烧柴？）

石城：你洗汤啊唔洗？（你洗不洗澡？）

　　除了"F-VP"分布区外，客家话地区的已然体一般都可以同时用
"VP 唔曾"和"有冇［mou］/无［mo］/盲［maŋ］VP"。"有冇/无/盲"

123

---

① 信宜话正反问句未然体一般是"VP-neg"形式，句末否定词是"无"，如："你食饭无？"
"你买书无？"年轻人也会用"VP-neg-VP"形式，受当地白话影响，如急于追问或强调问时，中
间的否定词一般是"无"［mo］，当地有时也用"唔"，如："佢去唔去？""你食唔食饭？""你买
唔买书？"

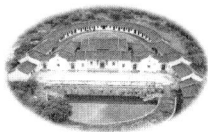

后面可加名词性成分，也可加谓词性成分，如：

梅州：你有无看过渠？ 有无冲凉？

兴宁：你有冇买书？ 你有冇看到渠？ 妈在屋下冇？

惠州：你有冇去过深圳？ 你去过深圳冇？ 有冇经常看阿婆？

东莞：有无打电话分渠？ 有打电话分渠盟？

增城：你有盲冲凉？ 你有盲买过渠个书？ 你有盲买书？

中山：你有冇看过渠？ 你有冇买书？

连平：你有冇去过？ 你有冇看过渠？

揭西：你有无去看过渠？ 你有无看过哩部电影？ 你有无洗身？

廉江：你有无见到渠？

永定：今日有无人客来？ 佢到底有去无去？

你昨晡有无睡？ 你有无煮汤？

陆河的这一形式比较特别，通常有两种不同的表达方式，一种是"有冇有VP"，一种是"有VP啊？"，如：

⑧你有冇有看倒渠？（你有没有看见他？）

⑧你有冇有食过伊间饭店个菜？（你有没有吃过这间饭店的菜？）

⑨你有冇有洗身？（你有没有洗澡？）

⑨饭有熟啊？（饭熟了没有？）

⑨水有烧啊？（水热不热？）

据庄初升、黄婷婷（2014），一百多年前新界客家方言中已有"有NP冇"的正反问句形式，不过比较罕见，如："你有钱冇？""你有沙梨冇？"

（二）特别的重叠式正反问句"VV（P）"

于都、连城（新泉）、长汀、安远龙布镇、韶关南雄等地①都使用重叠

① 据陈荣华《论客家方言的反复问句式"VV（O）"与客家民系的形成地》初步调查，"V-V"句式主要分布于闽西的大部、赣南的东部、粤东的小部。闽西地区：宁化、明溪、清流、长汀、连城、武平、上杭、龙岩；赣南东部：瑞金、会昌、于都的大部、安远、寻乌的东北部、兴国、宁都、石城小部；粤东：蕉岭、平远、梅县。但笔者调查梅县、宁都、寻乌等地时，都没有发现"VV"句式，不知是否选点差异所致，所以正文中并没有列出，仅在注释中写明以供参考。

式反复问句。

据项梦冰（1990），连城（新泉）方言有七个声调：阴平（33）、阳平（55）、上声（51）、阴去（3）、阳去（11）、阴入（35）、阳入（5），而当地正反问可以说 a、b 这两种句子：

⑬a. 喜³⁵喜欢这件？（çi³⁵ çi⁵¹fa³³tʂa¹¹kʰie¹¹？）

b. 喜唔喜欢这件？（çi⁵¹ŋ³⁵çi⁵¹fa³³tʂa¹¹kʰie¹¹？）

⑭a. 猪肉还新³⁵新鲜欸？（tʂ.ʐə³³ȵiauʔ⁵va⁵⁵seŋ³⁵seŋ³³sie³³e³³？）

b. 猪肉还新鲜唔新鲜欸？（tʂ.ʐə³³ȵiauʔ⁵va⁵⁵seŋ³³sie³³ŋ³⁵seŋ³³sie³³e³³？）

项梦冰（1990）认为，这种重叠是由合音加置换声调造成的，连城（新泉）方言中相当于"不"的否定词"唔"［ŋ³⁵］读阴入调，"V 唔 V"前"V"采用了"唔"［ŋ³⁵］的声调 35 并省去了［ŋ］这个音节而形成了"V³⁵V"。重叠式反复问句所谓的"重叠"是由合音加置换声调造成的，"红³⁵红"（A³⁵A）其实就是"红唔红"，所以仍然是属于"VP-neg-VP"型的，而不是一种新类型。

据谢留文（1995），于都和长汀的重叠式正反问句与连城（新泉）情况相似，有两个特点，一是不用否定副词，二是前字一定要变调，于都变为"V⁵V""A⁵AB"，长汀变为"V²⁴V""A²⁴AB"，如：

于都：你问佢喜⁵喜欢？ 这条裤子短⁵短？

长汀：削²⁴削皮？ 曾²⁴曾洗衫？

与连城话的不同之处在于，于都话"VPⁿVP"式中"VP"的声调跟否定词"唔"的声调不同。

二、客家话"VP-neg-VP"问句的特点

从结构上来说，客家话"VP-neg-VP"式中间的"neg"多为"唔"，粤西常用"无"。未然体多采用"V 唔 VP"，有些地方如连城等地偶尔也会用"VP 唔 V"。部分地区如连城、于都、南雄的"VP-neg-VP"中间的否定词常与前面的谓词发生合音和紧缩，形成重叠式正反问句。"有冇

125

［mou］/无［mo］VP"是已然体常用的句式。

从历史上来说，客家话"VP-neg-VP"早在一百多年前就已经出现，据庄初升、黄婷婷（2014），巴色会文献所记载的一百多前的客家话中已经存在"VP-neg-VP"问句，其中的否定词"neg"为"唔"，读［m³］，属阴平本调（梅县客家方言则读阳平），大体对应普通话的"不"，如："企竟来望个猎狗，还来唔来？""以禺话：'着唔着？'"这说明"VP-neg-VP"并非近年才出现的句式，只是一百多年前的使用频率不如"VP 唔"和"VP 唔曾"那么高而已。

从发展趋势来说，客家话的"VP-neg-VP"已经成为多数地区新派能接受的句式，尤其是在县城等经济比较发达的地区。

第四节　客家话正反选择问句
"VP-PRT-neg-VP"的特点

各地客家话普遍使用"VP-PRT-neg-VP"句式，第一个动词和否定词之间一般有一个语气助词"啊"（也有人记为"阿"，下文保留作者原写法），如："来啊唔来？"周定一（1988）、项梦冰（1997）、黄婷婷（2009）、曾毅平（2010）分别报道过湖南炎陵县、福建连城、广东丰顺、江西石城客家话中的这种句式。在前文探讨龙川客家话时我们将这一句式归入选择问句，但在客家话的某些点如五华、始兴等，它却是正反问句最常用的句式。当我们拿正反问句的一些例句（如"你来不来？"这一类）向五华人调查时，他们一般说成"你来啊唔来？"，认为有"啊"才是一个比较地道的说法，所以我们在此列入讨论。先看看这一句式在各地的表现：

梅县：你来啊唔来？（你来不来？）

你天光日去啊唔去？（你明天去不去？）

个本书你买啊唔买？（这本书你买不买？）

兴宁：饭熟啊唔熟？（饭熟不熟？）

　　　水沸啊唔沸？（水热不热？）

五华：你去啊唔去？（你去不去？）

　　　个幅画靓啊唔靓？（这幅画漂不漂亮？）

　　　个朵花香啊唔香？（这朵花香不香？）

丰顺：有阿冇？（有没有？）

　　　渠走阿盲走？（他走了没有？）

炎陵县：你去阿唔去？（你去呢还是不去？）

　　　　先着袜子阿先着裤子？（先穿袜子呢还是先穿裤子？）

　　　　有阿毛你去哩就晓得。（有还是没有，你去了就知道。）

连城：佢食粥抑还是食饭？（他喝粥还是吃饭？）

　　　送人抑还是卖撇佢抑还是自家留起来？

　　　（把它送人呢，卖了呢，还是自家留着？）

　　　这东西尔有抑无？（这东西你有还是没有？）

　　　鬼知得佢有抑无？（谁知道他有还是没有？）

据项梦冰（1997），连城话的选择问句用连词"抑还是"［ə³⁵ va⁵⁵ sɪə¹¹］，由动词"有"和"无"形成的选择问句可以减省为"有（NP）抑无？"。

在各地的客家话中，"啊"的存在强化了肯定、否定的对举，"你去阿唔去"相当于普通话中的"你去还是不去"。客家话选择问句的选择问标记一般是"还系"，但同时也可以用"啊"起标识疑问焦点的作用，存在"VP₁啊VP₂"这种客家话中常用的选择问句，这种句式究竟是正反问句还是选择问句，目前仍存在争议，黄婷婷（2009）称之为正反选择问句。我们认可这一说法，因为这种句式的正反两部分之间的联系比较松散，带有明显的选择问句的性质，是选择问句向正反问句过渡的句式。

另外，我们调查中发现梅县、丰顺等地还有这样的用法："你去还唔去？""食粥还食饭？"中间的"还"的作用相当于"啊"，我们将这类句式也归入"VP-PRT-neg-VP"。

小　结

根据我们的调查，结合前人的研究，对于客家话正反问句的特点总结如下：

①客家话正反问句的类型丰富。

汉语方言正反问句的各种类型在客家话里都有所体现，其中最常见的是"VP-neg"，应该是客家话的固有格式。"VP-neg-VP"发展迅速，已经成为部分县城居民和年轻人唯一使用的格式。"F-VP"问句主要分布于粤中和赣南地区。既有纯"F-VP"分布区（如广东的龙川，江西的安远、寻乌等地），也有"VP-neg-VP"与"F-VP"两种形式并存的区域（如赣南地区）。

②疑问标记有趋于简单的发展态势。

不管是"F-VP"的疑问标记"F"，还是"VP-neg"句式中的疑问标记"neg"，在语音形式方面都趋于简单，在语法意义方面也逐渐虚化。

首先，以"F-(neg)-VP"的"阿（唔）VP"为例，从"阿唔"合音为"暗"，然后进一步脱落韵尾形成"阿"，语音形式不断简化。翁源老派"F"的发音是"咸（唔）"，新派的则是"阿（唔）"；大余老派"F"的发音是"可"[kɛ]，新派的则是[ɛ]，这两个地方疑问标记"F"的声母都消失了。尽管我们不知道"F"的改变是受其他地区的影响还是由于语音的脱落，但是，其语音形式上的简化是毋庸置疑的。

其次，"VP-neg"句式中的"VP 唔曾"在各地有丰富的语音变体，从"唔曾"到"盲""盟""曾"，由于合音、音变或否定词脱落，语音形式简化，否定义弱化。

③客家话中的"VP-neg"更可能是对古代汉语的保留，而不是直接来自"VP-neg-VP"的删略。

据李思明（1984），"无"在唐宋时期经常使用，"不曾"在元明时期大量使用。"VP-neg"已然体形式"VP 未""VP 不曾"几乎是元明白话文献中唯一的形式。明清时期"不（未）曾"在文献中逐渐为"没有"所代替。"没有"出现虽晚，却是现在北方方言"VP-neg"句式中最常用的句末否定词。可见，文献中"VP-neg"是最常用的正反问句形式，客家话的"VP 唔曾"句式应该是对元明清时代句法形式的保留。所以，我们认为客家话中的"VP-neg"更可能是对近代汉语的保留，而不是直接来自"VP-neg-VP"的删略。

④广东省的客家话正反问句与选择问句关系密切，"VP-neg-VP"和粤赣交界处的"F-VP"是由"X 啊（也）/还 Y"型选择问句删减而来。

"X 啊（也）/还 Y"是客家话普遍采用的选择问句形式，"F-VP"和"VP-neg-VP"都是由此句式中的正反选择问句"VP 啊（也）/还 neg VP"删略而来的，如图 4 - 4 所示：

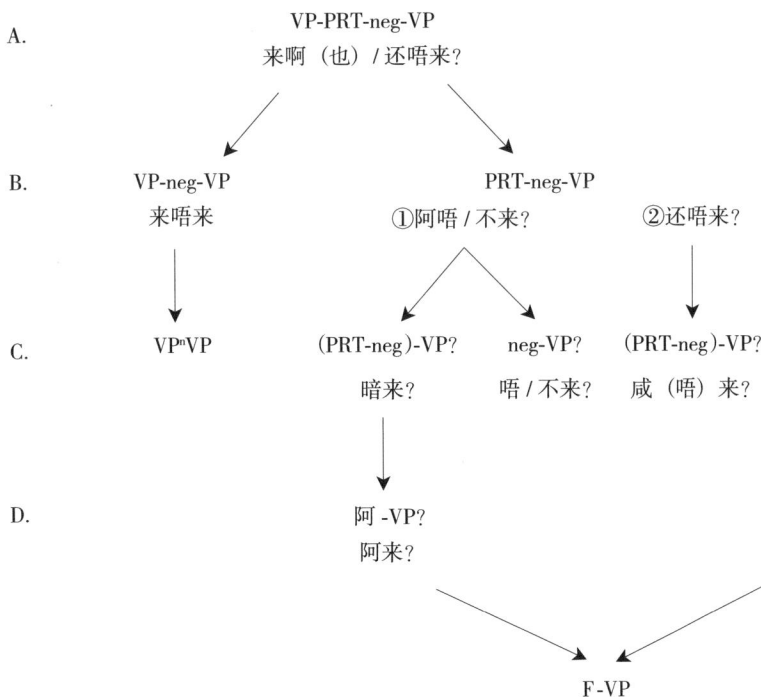

图 4 - 4　广东省客家话正反问句演变轨迹推测图

第五章 专题讨论

本章是将客家话正反问句的几种句式放在汉语方言的大背景下展开讨论，以专题的形式与汉语方言中同类句式比较，分析客家话这些句式的类型意义，并结合历史文献中相关句式的记载，探讨这些句式的发展演变。其中包括：①选择问句和正反问句之间的过渡形式"VP_1-M-VP_2"在各地的分布和特点；②梳理"F-VP"问句的分布区域，比较发问词"F"的语音形式，分析"F-VP"问句的归属和来源；③从吴语中发问词"F"的语音语义以及当地正反问句与选择问句的内在联系入手展开探讨，认为吴语中的"F-VP"可能和龙川话中的"阿（唔）VP"有相同的生成机制；④总结"VP-neg"在汉语方言中的分布，归纳"VP-neg"句式向是非问句转化的途径；⑤总结重叠式正反问句"VV（P）"的分布及特点，探讨这一句式的形成原因；⑥将上述正反问句的类型进行结构上的比较，总结否定词在这些句式中的位置和功能特点，探讨否定词在方言正反问句中的作用及其语法化的发展趋势。

第一节 汉语方言选择问句"VP_1-M-VP_2"探讨

第二章提及龙川话的选择问句除了"（系）X，还系 Y?"（相当于普通话中的"是 X，还是 Y?"）之外，还存在"X 啊 Y（啊）?"句式，"啊"是起连接作用的语气词，为了更好地与正反问句对应，以下我们将这种句式记作"VP₁-啊-VP₂"，如果是在谓词的肯定与否定之间作选择，则是第四章第四节所讨论的正反选择问句，前文记为"VP-PRT-neg-VP"。这一句式除了客家话中存在之外，闽、粤、赣、吴等南方方言中也都有，北方方言华北片尤其是西北方言也有类似的句式。对于否定词前面的"PRT"，有人记为语气词，有人记为连词，统一起见，以下都记为"M"，本节所要探讨的就是方言中"VP₁-M-VP₂"句式的结构特点及其与历史上相关句式的联系。

一、汉语方言中的"VP₁-M-VP₂"

（一）客家话"VP₁-[a]- VP₂"

这一句式在客家话中很常见，中间的"M"常为"啊"，也有些地方用"还"，如：

梅县：你天光日去兴宁啊去五华？/你天光日去兴宁还去五华？

　　　（你明天去兴宁还是去五华？）

韶关：输啊赢？（输还是赢？）

信宜：三只啊四只？（三个还是四个？）

河源：今日星期三啊星期四？（今天是星期三还是星期四？）

　　　你毕业后想去惠州啊深圳啊？（你毕业后想去惠州还是深圳？）

石城：买赣州啊南昌个车票？（买赣州还是南昌的车票？）

　　　你洗脚啊洗汤？（你洗脚还是洗澡？）

　　　你老伯过年过城里过啊转龙岗去？

　　　（你大哥过年在城里过还是回龙岗去？）

连城：这东西尔有抑无？（这东西你有还是没有？）

　　　尔有鱼钓钩抑无？（你有鱼钩还是没有？）

曾毅平（2010）对石城客家话选择问标记"啊"曾作过如下描述：第一，"啊"用于选择项之间，是附在选择前项后的语气词，但其韵律延宕至选择后项，"啊"后不加逗号，是一个具有关联作用的疑问语气词，或

者说是一个正在向选择连词过渡的疑问语气词。第二，在 VP_1、VP_2 之间用"啊"作选择提问非常顺口，使用频率很高。第三，去掉"啊"，要表达选择的语法意义，前项 VP_1 的句调必须为扬升调，而后项 VP_2 为降抑调，但这种格式远没有"啊"顺口。第四，"VP_1 啊 VP_2 啊？"也能说。对于客家话"啊"的性质，我们认可曾毅平文中的观点，认为这是一个正在向选择连词过渡的疑问语气词。

（二）闽方言中的"VP_1-[a]/[ha]-VP_2"

林文金（2003）、陈泽平（2010）、李少丹（2001）和黄淑芬（2010）分别报道过莆田话、福州话、漳州话的相关句式。施其生（2009）分析《汕头话读本》记载的中性问句时，所引用的中性问句和选择问句，中间都有选择连词"阿"或"阿是"，"阿是"在现在的口语中完全可以说成"阿"。从施其生多年来对闽语的中性调查材料[①]来看，闽方言普遍存在"VP_1-[a]-VP_2"句式。

莆田：手巾贵也便宜？（毛巾贵呢还是便宜？）

　　　伊去也未去？（他去了呢还是没有去？）

　　　婶娘子大方也怀大方？（姑娘大方还是不大方？）

　　　好共歹掺掺也是骨伊分分开？

　　　（好的和坏的掺和还是给它分开来？）

　　　汝卜看《春草阃堂》也是卜看《秋风辞》呢？

　　　（你要看《春草阃堂》还是看《秋风辞》呢？）

福州：单倒吓来回？（单程还是双程？）

　　　趁路去吓趁船去？（从陆路去还是从水路去？）

　　　今旦有闲吓无？（今天有空没有？）

漳州：你要去啊怀（去）？（你去还是不去？）

① 以下厦门、泉州、三亚的语料均来自施其生对闽方言中性问句的调查。施老师慷慨无私地将一些尚未发表的材料提供给笔者，笔者在此表示深深的谢意。

你有想啊无？（你想还是不想？）

小红会来啊（勿会）来？（小红会不会来？）

老陈去，会使啊（勿会）使？（老陈去行不行？）

[以上例子出自李少丹（2001）]

有抑无？（有还是没有呢？）

要抑怀？（要还是不要呢？）

汝来抑怀来？（你来还是不来呢？）

[以上例子出自黄淑芬（2010）]

厦门：汝卜去阿唔去？li^{53}be?$^{32-53}$khi^{21}a^{44}m$^{22-21}$k^{h}i^{21}（你去不去？）

泉州：汝卜去阿唔去？lɯ^{55}bɤ^{55}khɯ^{41}a$^{55-24}$m$^{41-22}$khɯ^{41}（你去不去？）

　　　伊有来阿无来？i^{33}u^{22}lai^{24}a^{55}bo$^{24-22}$lai^{24}（他来了没有？）

三亚：汝去还/阿是无去？lu^{31}hu^{24}hai^{22}/a^{45}ti^{42}vo^{22}hu^{24}（你去不去？）

由上可见，闽方言"VP$_1$-M-VP$_2$"句式中间的"M"有几种不同的写法："抑""也""啊""阿""吓"等，发音有［a］和［ha］两种类型，但结构和功能一致。

林文金（2003）提到莆田话选择问句常用连词"也""也是"。"也"有两读，快读时发［a］，缓读时发［ha］。用"也""也是"连接的选择问句，其中被选择的项目大多是两个。被选择的前后两项是单音节、双音节的，用"也"连接；被选择的两项是较长的语言单位的，用"也是"连接。

陈泽平（2010）认为今天福州话的"吓"［ha］作为连词的选择问句在19世纪就已经出现。"吓"连接两个选择项时后面不允许停顿，是选择关系的标志，属于连词。

"抑"，《广韵》於力切，中古影母，入声，职韵，曾摄三等。黄淑芬（2010）认为漳州方言"抑"源自古汉语"抑"，是闽南方言特有词，厦

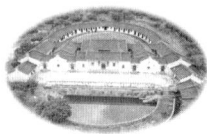

门腔、漳州腔文读音为［ik^{32}］，白读音为阴入调［iah^{32}］和［ah^{32}］，泉州腔读为［iak^5］。《闽南方言大词典》《闽南方言与古汉语同源词典》和《闽南话漳腔辞典》指出"抑"有表示选择的连词用法，如："其遗此花也，有意耶抑无意耶？"（徐枕亚《玉梨魂》）

由上可见，"VP$_1$-M-VP$_2$"也是闽方言常见的句式。对于这一句式的来源，林新年（2006）曾做过相关的探讨，他将《祖堂集》的选择问句"还（有）……也无"与闽南方言"有无"疑问句式比较，认为唐五代时期的"还（有）……也无"疑问句式很可能就是现代闽南方言的"有无"疑问句式的前身，认为"阿"是古代汉语的"也"。

①师问云："马有角，你还见也无？"（《祖堂集》）

伊有囝阿无？（闽南方言）

②师提起杖云："还照得这个也无？"（《祖堂集》）

鱼有鲜阿无？（闽南方言）

（三）赣方言中的"VP$_1$-[a]-VP$_2$"选择问句

据陈小荷（2012），丰城话里能用在选择问句句式的连词有两个："还"［a］、"还是"［asɨ］，它们刚好分别跟读轻音的副词"也"和词组"也是"同音。两个连词有时可以互换，如：

③去丰城还去樟树呵？（去丰城还是去樟树啊？）

④看电影还（是）看戏诶？（看电影还是看戏？）

虽然陈小荷用"还"来标记丰城话中的"M"，但他所标注的读音是［a］，而且特别指出，和"也"的读音相似，我们认为，丰城话的"还"和客、闽的"啊"读音相近，作用相同，可能同起一源。

（四）吴方言中的"VP$_1$-[aʔ]/勒-VP$_2$"

1. VP$_1$-阿［aʔ］-VP$_2$

据戴昭铭（1999），浙东山区天台话的选择问句可以用阿［aʔ］作为选择问标记：

⑤佢北京人阿上海人？（他是北京人还是上海人？）

⑥□［køʔ⁵］是鸡阿鸭？（这是鸡还是鸭子？）

⑦尔吃饭阿吃面？（你吃饭还是吃面？）

据郑娟曼（2009），在温州方言中也有"VP₁ 啊 VP₂"，如：

⑧渠是日本人啊韩国人？（他是日本人还是韩国人？）

⑨你想吃饭啊想吃面哦？（你想吃饭还是想吃面？）

⑩你乘车啊打路走哦？（你乘车还是走路去啊？）

郑娟曼认为这种句式的疑问信息由中间语气词"啊"负载，如果没有"啊"，整个句子便丧失了疑问功能，"啊"后有个明显的语音停顿，句末语气词可以出现也可以不出现。

2．V 勒勿 V

刘丹青（1991）指出，吴语中的"V 勒/呢勿 V"比普通话"V 不 V"正反问句更接近选择问句，相当于"V 还是不 V"，被称为正反选择问句。

（五）粤方言中的"VP₁ 嗼 VP₂"选择问句

据杨敬宇（2006），清末粤方言"VP₁-M-VP₂"句式中，"M"有"嗼"（有时作"嗽"）、"定"和"抑或"。后两者今天仍作为选择问句的连接词，而"嗼"现在已经不再使用了，如：

⑪你中意食煎蛋嗼煲蛋呢？（你喜欢吃煎蛋还是煮蛋呢？）

⑫呢个缸装水嗽装油嘅呢？（这口缸是装水还是装油的呢？）

"嗼"本字未考，有时候还作为句末语气词出现，字形使用的不确定显示这个连接词在当时类似语气词。既然作"口"字旁，应与其他常见的方言俗字一样属于自造，这也说明它的口语性质，不同于"定"或"抑或"的书面性质。

从读音来看，粤方言的"嗼"与客、闽、赣、吴方言似乎缺乏相应的联系。

此外，据吴慧颖（1990），湖南也有"VP₁ 也 VP₂"，具有"VP 也不

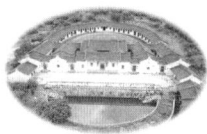

VP""VP 呀 F""VP$_1$ 呀 VP$_2$""VP$_1$ 也是 VP$_2$"等同义表达格式。这说明南方方言"VP$_1$-M-VP$_2$"句式中间的"M"多是零声母，有韵腹［a］，可能是来自近代汉语的"VP$_1$ 也 VP$_2$"句式。

（六）北方方言中的"VP$_1$-M-VP$_2$"选择问句

据张邱林（2009），中原官话陕县（今陕州区）方言中的选择问句的选择项之间常有语气助词"曼"［man］；据丁崇明（2005），西南官话昆明方言中的选择问句中间的连词是"么"或"么是"；据张安生（2003），西北（陕、甘、宁、青、新）方言中大面积分布着"X 吗 Y"句式，"吗"也可以记成"嘛""么"。以下例子转引自三人的相关著述：

陕州区：北京曼上海？（北京还是上海？）

　　　　去啦曼没去？（去还是没去？）

昆明：你两个想公了么私了？

　　　今天是星期四么星期四？

同心：今儿初三吗初四？

　　　你走吗不走？

　　　杏子酸吗甜？

　　　不说吗说哩？

西安：你夜里去来吗没去？

　　　啥最贵？金子吗银子？

兰州：走哩吗缓哩？

西宁：西宁去哩吗不去？

银川：娃醒了吗是睡着哩？

陕西商州区：是"大"字吗是"太"字？

陕西华州区：不吃吗吃哩？

甘肃临夏：吃个啥哩？牛肉面吗卤面？

乌鲁木齐：你大哩吗我大？

宁夏固原：去年冷吗啊不冷？

虽然这一句式中的三地的用字不同，但是对比上面三种方言中的"曼""么"和"吗"的读音和句式的意义，我们认为中原官话的"VP_1曼VP_2"、西南官话的"VP_1么VP_2"、西北方言的"VP_1吗VP_2"类型一致。张邱林（2009）认为"曼"是一个陈述语气助词，基本语法意义是表示肯定。"曼"可以出现在选择问句的两个选择项之间，也可以出现在选择问句的末尾，来自汉语史上的"么"。张安生（2003）从用字、意义、读音三方面证明了"X 吗 Y"句式中的"吗"就是"麽"，而"麽"是汉魏六朝后由"A + 不/否"反复问句句末否定词虚化而来的疑问语气词。"X 吗 Y"在结构上可以看作两个是非问句的合并和紧缩，合并是非问句并配合连词、语气词构成选择问句是汉语乃至汉藏语系重要的语法特点。"X 吗 Y"句式形成肇端于《老乞大》《朴通事》成书的元明时期，是近代金元系白话"X + M + Y"疑问句句式地域性演变的结构。

137

二、"VP_1-M-VP_2"的特点

上文我们从客家话的"VP_1啊VP_2"入手，结合学者们的相关研究，对汉语方言中的"VP_1-M-VP_2"句式进行了梳理，发现南方方言中"M"的发音以［a］为主（吴方言有些点是［aʔ］，闽方言还有［ha］），北方方言的则多数有鼻音声母。"M"的不同主要和当地是非问句句末语气词有关。吕叔湘（1985）认为：正反问句和选择问句都是由两个是非问句合并而成，如"你去吗？"和"你不去吗？"可以合并为正反问句"你去不去？"；"你去吗？""我去吗？"可以合并为选择问句"你去还是我去？"。

宋金兰（1996）等也同意选择问句是由是非问句合并而成，所以是非问句的疑问语气词可以用在选择问句中。

在正反选择问句中否定词前面的"M"，往往起正反选择问句标志的作用，李思明（1983）称之为"句中助词"，郭校珍称之为"中置成分"，张邱林（2009）将陕县方言选择问句中的"曼"称为"语气助词"。游汝杰（1993）、罗福腾（1996b）分别认为吴语、山东方言反复问句中的

"M"是语气词，但没有作详细讨论。魏培泉（2007）称之为连词，认为可联系到近代汉语的"也"。施其生（2000）探讨闽南方言中性问句的类型时把"阿"看成"选择连词"。谢琳琳（2005）认为潮汕方言中的"阿"是选择连词，潮汕多个方言点的"阿"都可以用选择连词"阿是"代替而没有语义上的差别。各地方言中的"M"衍生出关联义的原因是："M"居于前后两个选项之间的语法位置，与后一个选项连读。

李思明（1983）、吴慧颖（1990）都曾对历史文献中的"VP₁-M-VP₂"进行探讨。据吴慧颖（1990），"VP₁也VP₂"在元明两代戏剧和小说中很常见，是当时流行的选择问句，"VP₁也VP₂"中的"也"并非副词，而是语气助词，而且还是借用来记录"呀、啊、哪"等音的文字形式：第一，近代汉语中的"VP₁也VP₂"和方言中的"VP₁呀VP₂"语义和作用完全相同。第二，副词"也"在表强调时须作为逻辑重音而重读，"呀、啊、哪"等语气词一般轻读。第三，方言中VP₁后的"呀、啊、哪"等的发音总是属前不属后，而副词"也"的发音则靠后不附前。从近代汉语中的"VP₁也是VP₂"相当于"VP₁呀是VP₂"可知，前者中的"也是"既不是"也（副词）＋是"，也不是相当于发音总是靠后的选择连词"还是"，而是相当于"呀＋是"。近代汉语中的语气助词"也"和方言中的"呀、啊、哪"等，插进两个选择项之间，发音附于前项，后面可稍作停顿或拖音，这便鲜明地隔开了并列的两项，使人从听觉上清楚地感到前后属于两项，从而起到提醒听者作出选择的作用。

另外，还可以从近代汉语作品中找到旁证。如《金瓶梅》《水浒传》《西游记》一般不用"呀、啊、哪"作语气助词，陈述句、疑问句、祈使句、感叹句末尾都可以用"也"来表示语气。如："罢了，我也惹了一身病在这里，不知今日明日死也。"（《金瓶梅》）"俺老孙去也！"（《西游记》）"你见我府里那个门子，却是多少年纪？或是黑瘦也白净肥胖？""你拿得张三时，花荣知也不知？"（《水浒传》）等。直到"也"不用作语气助词的《红楼梦》中，才有为数极少的"呀""啊"出现在句末。

"VP$_1$ 也 VP$_2$"句式到清代开始逐渐减少，到现代汉语已经消失，但是在南方方言中却依然存在，一般写成"呀、啊、哪"。可见，现代汉语方言中"VP$_1$-M-VP$_2$"应该是继承近代汉语中"VP$_1$ 也 VP$_2$"类的句式而来。"M"原本是语气词，但因为居于前后两个选项之间的语法位置，慢慢衍生出关联义，开始向连词转化。

第二节　汉语方言"F-VP"问句的分布及相关比较

丁崇明、荣晶（2009）认为不同的方言存在相同的语言类型，可能存在以下几种关系：①当今或历史上存在语言接触；②有同源关系；③移民迁徙造成的；④纯粹是偶然的巧合；⑤语言内部机制某些共同参项各自发展而成。"F-VP"问句的分布区域不是很广，但是句法功能相似，"F"的发音也存在一定的规律，以下我们将对汉语方言中这一句式的分布进行梳理，探讨不同方言中"F-VP"问句的联系。

一、"F-VP"问句在汉语方言中的分布

根据朱德熙（1985），何艳丽（2010、2014），王娟（2011）等人的概括，综合前人的研究和我们的考察，我们将"F-VP"问句在汉语方言中的分布区域归纳如下（见图 5 - 1）：

A. 吴语区

江苏省的苏州、常熟、昆山、靖江、无锡、江阴、金坛、丹阳、张家港、南通、武进、吴江；上海市；安徽省的铜陵、泾县；江西省的上饶玉山等。

B. 中原官话和江淮官话区

安徽省的合肥、蚌埠、灵璧、泗县、五河、嘉山、凤阳、全椒、芜湖、贵池、安庆、东流、六安、霍邱、临泉、涡阳、阜阳（中原官话）、

无为、巢湖市等①；江苏省的淮安、盐城、南京、东台、海安、如东、如皋、溧水、邗江、高邮、江都（西部）、仪征、睢宁、扬州、四甲、泰州、姜堰、泰兴、兴化、大丰、南通；河南的信阳等。

C. 胶辽官话区

山东胶东半岛的荣成、文登、威海、乳山、牟平、海阳、烟台（芝罘老派）、福山、平度、潍坊、蓬莱、龙口、长岛等。

D. 西南官话区

云南省的昆明、通海、个旧、蒙自、会泽、曲靖、沾益、大理、玉溪、思茅、梁河、鹤庆、腾冲、丽江、昭通、弥勒；四川省的攀枝花等。

E. 赣方言区

江西省吉安市的万安、泰和，抚州市的临川、金溪，南昌市的进贤等。

F. 客家方言区

江西省的泰和、万安、南康、兴国、大余、上犹、安远、崇义、赣县、瑞金、信丰、龙南、全南、定南、寻乌等；广东省的龙川，和平部分镇，河源城区，韶关新丰、翁源等。

G. 粤方言区

广西壮族自治区贺州市铺门等；广东省肇庆市怀集、封开县南丰，清远市阳山县太平镇（白莲村）等。

H. 闽方言区

广东潮汕地区、福建漳州、台湾台中等。

另外，据竟成（1988），少数民族语言中也存在"F-VP"正反问，如藏语支的白马语，彝语支的纳西语，景颇语支的独龙语，羌语支的普米语、木雅语、尔龚语、史兴语、尔苏语、扎巴语、纳木义语等。

---

① 朱德熙（1985）依据《安徽方言概况》提到安徽使用"可VP"句式的地方有合肥、全椒等18个市县。据胡利华（2008），安徽绝大部分市县都使用"可VP"型正反问句。

B.中原官话和江淮官话区 ——→ C.胶辽官话区

核
心
区
——→ D.西南官话区

A.吴语区

——→ G.粤方言区

E.赣方言区

F.客家方言区 ——→ F₁.赣南客家话的"可 VP"区

——→ F₂.粤赣交界处客家话的"F-neg-VP"区

H.闽方言区

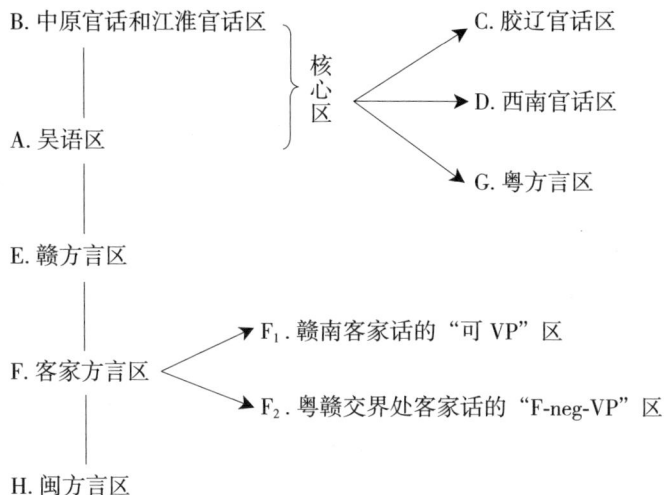

图 5 - 1 汉语方言"F-VP"区域之间的联系

将这些区域联系起来看，我们发现 A、B 区是"F-VP"型反复问句分布的主要区域，分布在江苏、安徽、河南一带，向北辐射到山东部分地区，向南辐射到江西的东北部，我们称之为核心区。

C 区的"F"与其他地方有较大的差异，张敏（1990）认为胶东半岛的东北角（牟平、荣成、文登等地）分布的这一种"ADV-neg-VP"比较奇怪，发问词是"是不""是没""可不""可没"等，他认为这是"V-neg-VP"的变式，而不是"F-VP"，但他也注意到了这一句式中的"可"与苏皖地区相关句式有联系。据史料记载，明朝初年为巩固海防，曾在胶东半岛建立多处卫、所，如洪武中叶建威海卫，洪武末年建成山卫。所建卫所均调南直隶官兵戍守，而明代的南直隶正是使用"V-neg-VP"和"F-VP"问句的苏皖地区。岳立静（2006）认为山东方言中的"F-VP"是明代以后江淮、吴等方言与山东方言融合的产物。所以，C 区的"F-VP"有可能是由 A、B 两区迁来的。

D 区集中于云南省及与云南相邻的少数地区，是目前发现的"F-VP"问句分布范围广、面积大且相对集中的地区；以昆明为中心的大部分地区

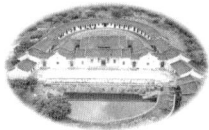

都使用"格VP"问句，昆明方言属于北方方言西南次方言，是一种融合江淮方言特征的西南官话。虽然云南"格VP"问句的分布广、面积大，但周围贵州、四川、广西目前尚无有关"F-VP"问句的报道。丁崇明等学者①认为昆明方言的"格VP"不是云南原有的语言特征，而是江淮地区移民带来的句式。因为明代远征云南所到的大多数地方现在都是用"F-VP"型问句，如鹤庆、丽江、曲靖、大理等地。由于昆明方言是云南的权威汉语方言，"F-VP"型问句的特征辐射波也扩散到周围的地区。

侯兴泉（2005）曾对封开县内主要姓氏进行考察，认为封开居民的祖先大多是宋明两代迁移至此的，从移民的来源来看，有一部分是来自"F-VP"方言区的，还有一部分是来自北人进入岭南的一个桥头堡和中转站——南雄，他认为，封开的"阿VP"大概是在宋明时代从吴语、江淮官话或西南官话等使用"阿VP"的方言区借入的。

据施其生（2000）和陈曼君（2011）的考察，闽方言"F-VP"的核心区域是漳州。施其生考察了闽南各地的正反问句情况，以及一个世纪以前汕头方言的材料，认为"VP-neg"是闽南方言固有的；闽方言区的"F-VP"从福建漳州传到潮汕方言早期的标准语潮州话，又为潮汕方言的现代标准语汕头话所继承。漳州、潮州、汕头、台中、宜兰等地都是"F-VP"和"VP-neg"并存，汕头和宜兰还产生了二者的混合型"F-VP-neg"。陈曼君认为台湾的"F-VP"是受漳州腔影响的，她还猜测，漳州方言"敢"字问句当是宋代以后产生的，一开始数量很少，到了明代，漳州月港的兴盛使漳州与外界的往来日益频繁，明清时期漳州读书科举风气大盛，漳州

---

① 张映庚（1986），卢开礴（1993），丁崇明（2005），丁崇明、荣晶（2009）都曾对西南官话中的"F-VP"问句进行研究。昆明"F-VP"问句的"K"为"格"［kə53］，上声（也有学者记作"咯、咯、给"等，以下统一以"格"代替）。云南方言的"F-VP"问句形式比较单纯、统一，疑问副词［k］都是上声，并且多数地方上声调值都是53，只是少数地方不同，如保山城区主要有两类："阿"［a42］和"格"［kə31］，语法意义和使用范围完全一样，可互相替代。保山方言还有"敢VP"，主要表推测，询问的语气已经很弱。在结构和功能上，昆明的"格VP"问句与龙川客家话、吴语中的"阿VP"非常相似，如基本格式是"（NP/VP）+格+VP+？"，其中句首的"NP/VP"在一定的语境中可以省略。

人当时接触明清文学一定不在少数，而表示中性问的"可$_2$"恰恰大量出现于明清白话小说。由于类化的作用，表示中性问的"敢 VP"产生了。施其生则推测漳州的"F-VP"有可能与"开漳圣王"陈元光有关。陈元光祖籍河南光州固始（今河南信阳固始），未及弱冠即随父陈政率众南下，直至殉职，始终坚守在闽戍地，长达四十二年。他治闽有方，使号称"蛮荒"之地的闽南迅速发展，是中原文化与闽越文化融合的奠基者。而他的祖籍地固始正是"F-VP"的使用区域，漳州当地的"F-VP"有可能是陈氏父子及其所率领的士兵从中原带来的。但这些都是推测而已，目前我们尚无确凿的证据可论证漳州话"F-VP"的来源。

由此可见，C、D、G 区虽然距离 A、B 核心区域较远，但从相关研究来看，都有可能是宋明时期由移民从 A、B 区带来的。而 E、F、H 区地域接近，从北至南，零星呈条状分布。从江苏、安徽开始，经江西和福建西部、南部直至粤东地区，恰巧也是历史上客家先民自北南迁时所途经的区域。从地理分布来看，有可能是因为地理位置接近，历代移民迁徙，所以采取同一形式，但仍需要更多的证据进行论证。

总之，"F-VP"问句从核心的中原官话和江淮官话区、吴语区开始，从北向南经赣东北、赣中、赣南、粤东北、粤东到闽南地区，涉及的方言除了客家话外，还有吴语、赣语、西南官话、闽语等，甚至包括少数民族语言。

二、发问词"F"的比较

（一）"F"的性质

"F-VP"疑问句句式中的"F"在各地的写法不一致，有"阿""格""克""可""各""果""个""暗""咸"等形式，戴昭铭（2004）认为，在汉语方言研究中，当需要记录一种已经语法化了的单位时，常常借用当地的一个同音字或近音字来代替，如果一个同源单位在不同地区平行发展后的读音不同，或读音虽同而记录所用的假借字因人而异，就会因形式的

歧异纷繁而使人困惑。汉语方言中写法不一的"F"有一个共同点是都放在谓词性成分前面表示疑问。

对于"F"的词类划分，从朱德熙开始，大多数学者都将"F"认定为一个疑问副词。也有部分学者把"F"看作疑问语气词或疑问助词：如罗常培、群一（1986），卢开礦（1993），尹铭（1996）等认为"格"是云南方言中使用频率极高的疑问语气助词。我们认为，从目前的句法结构而言，将"F"看成一个置于谓词前面表示疑问的副词是合适的。而学者们认为云南方言中"格"是语气词的观点也提醒我们思考各地"F"的来源，假如我们前面对于粤赣交界处客家话"F-VP"的论证是正确的话，该地的"F"也有可能是由起连接作用的语气词和否定词合音而成的。

（二）"F"的语音形式

"F-VP"问句的发问词"F"的语音形式在各个方言中各不相同，综合笔者的调查和前人文献中的记录，将各地方言的"F"分成三类：第一类是零声母音节，我们称之为 A 型，其中 A 型又可以分为 A_1 型（单元音音节，无韵尾）和 A_2 型（带鼻音或塞音韵尾）；第二类是带舌根音声母的，我们称之为 K 型，也可以再分成 K_1 型（单元音音节，无韵尾）和 K_2 型（带鼻音或塞音韵尾）；第三类是其他。

据张敏（1990）等，吴方言中"F"的语音形式既有 A 型，也有 K 型，如：

A_2：［aʔ˧］（苏州、常熟、无锡等）

K_1：［K］（江苏北部涟水县南禄村）

K_2：［kəʔ］（江西玉山县），［kʰəʔ］（金坛、丹阳、铜陵）

A 型和 K 型并存：［əʔ］／［həʔ］（武进），［kʰəʔ］／［əʔ］（张家港）

客家方言中"F"的语音形式有 A 型和 K 型两类：龙川、和平属于 A 型，既有［a］，也有［am］，新丰发［ham］，属 K 型。赣南地区的多数属于 K 型，有舌根塞音声母。闽方言中的"F"一般都属于 K 型，如汕头的"可"（岂）发音［kʰaʔɔ］（阴入调），潮州的"可"发音［kʰa］（阴上调），漳州龙海发音［kan］，台湾宜兰发音［kam］；新加坡发音［kʰaʔ²］。粤方言中的"F"是 A 型，如封开南丰镇发音［a⁵⁵］，怀集马宁镇发音［at⁵］，包括附近少数民族中大岗标话"F"的形式也是［a⁴²］。赣方言的"F"有 A 型，如泰和的"阿"［a］，也有 K 型，如临川的"咖"［ka］、金溪的"加"［kʰa³²］；万安的"F"两类皆有，有些地方用"格"，有些地方用"阿"。

北方方言中"F"的语音形式除了西南官话中的保山方言有阿［a⁴²］之外，其他都是 K 型，如表 5 – 1 所示。

表 5 – 1　北方方言部分方言点的"F"

方言小片	方言点	"F"的语音
晋语	河南获嘉	可［kʰaʔ꓄］
	山西娄烦	*敢（主要表推测）
江淮官话	安徽阜阳	可₁［kʰei⁵¹］、可₂［kʰei⁵⁵］
	安徽合肥	可₁［kʰə ʔ］、可₂［kə ʔ］
	安徽怀远	可₁［kə²¹］、可₂［kei⁵³］、可₃［kə⁵³］
	安徽霍邱	克［kʰei²¹⁴］
	安徽六安丁集	可［kʰɣʔ³］
西南官话	云南昆明	格［kə³］
	云南保山	阿［a⁴²］、格［kə³¹］、*敢［kan⁵³］（表推测）
中原官话	河南固始	可₁［kʰə⁵³］，可₂［kʰei²¹³］
	安徽蒙城	可₁［kʰə⁵⁵］，可₂［kʰei⁵³］
胶辽官话	山东长岛	是不、□［ʃ̩⁵⁵］

可见，K 型的覆盖面比 A 型要广泛，北方方言、吴方言和闽方言、赣南的客家话的"F"都是有舌根音声母的。而 A 型则主要分布于吴方言和粤中片客家话。K 型的"F"在很多方言中都记为"可"。

江蓝生（1990）曾对"可"进行探源，认为"可"有"可$_1$"（表反诘）和"可$_2$"（表猜度）两种用法。"可$_1$"在东汉时期就已出现，唐代使用十分普遍，直到今天一些方言仍然使用。"可$_2$"最早见于唐五代的文献中，后多出现于禅宗语录和诗词，唐宋文献中的"可$_2$"常与"能"和"是"搭配使用。到了明清白话小说里，"可$_2$"大量出现，出现"可 VP 么"或"可 VP 否/没有"句式，清代还出现了"可 VP 不 VP"句式。江蓝生还认为合肥话中的"克"和昆明话中的"格"应是"可"的音变。合肥话舒声字"可"轻读弱化后变成促声而跟入声相混。"可"出现在"VP（么）？"问句之前，又是个虚词，具有轻读弱化变促的语音环境。昆明话的"格"与"可"的声母有不送气与送气之别，因为当地语音系统里入声消失，"可"没有促化的条件，所以只是发生了由送气到不送气的变化。

不少学者认为 A 型的"阿"也是 K 型的"可"的方言音变。江蓝生（1990）从声调、韵母和声母三个方面论证了"阿"和"可"的关系。张敏（1990）也认为"阿"来源于"可"，"可"的声母脱落，变成"阿"，并试图通过内部拟测法来证明两者的关系。持这一观点的还有钱乃荣（2011），他认为长江以南的"阿 V"问句来自北方的"可 V"。

竟成（1988）认为要追究"阿"字句乃至"可"字句的来源是非常困难的，唯一可以考虑的线索就是古汉语里的"其"字句。他认为从"其"到"阿"经历了如下的演变过程：

$$其 \longrightarrow 可 \longrightarrow 还 \overset{\nearrow\ 莫}{\searrow\ 阿}$$

但这也只是一个假设而已，"其"与"可"之间的关系尚需进一步研究。

综上所述，我们认为汉语方言中 K 型"F-VP"问句应该是对汉语史上"可 VP"的继承，A 型"F-VP"问句则可能有不同的来源，目前也认为是从"可 VP"发展而来，而从龙川的"阿（唔）VP"句式来看，我们觉得还有可能是从选择问句发展而来。

三、汉语方言"F-VP"的归属和来源

（一）关于"F-VP"归属和来源的相关研究

"F-VP"问句的分类和归属问题在学术界一直存在分歧，主要有以下几种不同的观点：

1. 属反复问句（正反问句）

朱德熙（1985），贺巍（1991），马赟（2006），邵敬敏、周娟（2007）等持这一观点。朱德熙认为"F-VP"的性质与"VP 不 VP"正反问句相当。

2. 属是非问句

赵元任（1956）、李小凡（1990）、刘丹青（1991）、游汝杰（1993）等认为"F-VP"问句跟普通话的是非问句相对应。

3. 属特指问句

黄正德（1988）则认为，"可"问句是一个以屈折范畴为疑问词的问句，与特指问句相当。

4. 属中性问句

余霭芹（1992）认为正反问句是一种字面上不表示问话人的意见和态度的中性问句，建议"VP-neg"型与"VP-neg-VP"及"可 VP"鼎足而立。施其生在著文讨论闽方言的正反问句时一般都采用"中性问句"这一说法。

5. 属正反是非问句

袁毓林（1993）从建立泛时性汉语疑问句系统的角度把"阿 VP"和无标记的"VP 吗"合称为广义的正反问句。

综上所述，我们发现各家各派的判断标准不尽一致，从语法形式来判断，方言中的"F-VP"和"VP-neg"这两类句子不是正反问句，但如果从回答的方式来判断，这两类句子都有一般疑问句的性质，而且各地汉语方

147

言中"F-VP"的功能和用法不尽相同,不能简单地归类。

(二)"F-VP"问句来源的相关研究

探讨"F-VP"问句来源的学者很多,说法也不一致,我们归纳成以下几种观点:

1. 由选择问句演变而来

如:梅祖麟(1978)、朱德熙(1985)在探讨现代汉语方言里反复问句的历史来源时,都认为它来源于古汉语的"为 VP 不"和"为 VP 不VP"两种形式。张敏(1990)、刘子瑜(1998)认为汉语反复问句的来源发展有两条线索:第一条线索是由语义正反相对的并列选择问句通过省略或紧缩发展而来;第二条线索是通过处于包孕地位的并列式动词性结构"VP-neg""VP-neg-VP"发生重新分析(语法化)而来。

朱德熙(1985)认为梅祖麟的反复问句是从选择问句演变出来一说大体可信。他考察了《西游记》《金瓶梅》等明清白话小说里反复问句的使用情况,追溯了"可 VP"和"VP 不 VP"的历史。他认为"可 VP"型反复问句出现的确切时间现在还难以断定,但从文献记载来说,其产生的时代要比"VP 不 VP"型晚,在明清时代的白话小说里大量出现。

2. 来自反诘问句

张敏(1990)、江蓝生(2000)、刘开骅(2005)等人认为表中性询问的"F-VP"问句是由古代表反诘的"疑问副词 + VP"句式发展而来的。我们将众人的观点归纳如下:

①岂 VP。

刘开骅(2005)推想春秋战国之际应当是"岂"表询问意义的萌生时期,到了西汉,"岂"表询问意义的用法多了起来。如《史记·李斯列传》:"丞相岂少我哉,且固我哉?"东汉魏晋南北朝隋时期的文献中常见用"岂"表询问意义的例子,甚至还拓展了使用范围,用于"VP-neg"式反复问句表询问。中古以后"岂"专门用于表示反诘问,不再表现中性询问。

②宁 VP。

据刘开骅（2005），"宁"表询问意义不见于上古汉语，而是中古时期新生的语言现象。"宁"表询问意义时，大都与疑问语气词"乎""邪（耶）"等配合使用，有时也与"VP-neg"合用，如："子经历诸山，宁睹太子不？"（康僧会《六度集经》）刘开骅认为中古汉语中的"宁"和"可"的性质和语法功能不完全相同，其主要作用是帮助表达疑问语气。

③敢 VP。

张敏（1990）认为，闽南话、闽西客家话里表示中性询问的"敢 VP"问句来源于表示非中性询问的"敢 VP"问句。由非中性"敢"到中性"敢"的演变途径如下：

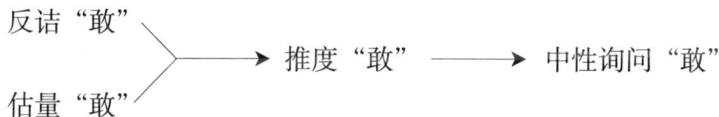

反诘"敢"　　　　　　　　　　　　　　　　149
　　　　　　　→　推度"敢"　→　中性询问"敢"
估量"敢"

不过在闽南话和闽西客家话里，这个演变的过程并没有完成，这导致"敢 VP"问句主要用来表示非中性询问，表示中性询问的情况很少。

江蓝生（2000）进一步论述了"敢"问句是如何由反诘问句向推度问句或中性问句发展的，她认为"敢"是个助动词，有"可、能、会"等义。早在上古，当"敢"出现在反问句时，就相当于"岂敢"，因为"敢"总是置于动词之前，带上了反诘副词的意味，于是开始虚化为一个疑问副词。

叶斯柏森在《语法哲学》中提出句型的三分系统：A. 肯定的（positive）；B. 有疑问的（questionable）；C. 否定的（negative）。其中 A 和 C 是绝对的，含义是肯定的；B 表示不确定。可见，疑问句在语义上本来就含有否定的因素，既对肯定句进行否定，也对否定句进行否定。对否定的否定，就是反诘语气；对肯定的否定，即为询问语气，这就是"宁""岂""敢"既可表示反诘语气又可表示询问语气的原因。

3. 受译经影响

据遇笑容、曹广顺（2002），"Adv-VP 不"在后汉译经中较多见，本土文献出现较少。曹广顺（2010）探讨中古译经选择问句中的连词时，发现"为、云何、颇"等疑问副词的使用可以归纳出四个共性：①均用于疑问句句首；②均主要用于中古汉语译经类文献；③基本上均不见于中古以外的其他时期；④均对应梵文佛典的句首疑问词。

这些疑问表达方式在汉语中是比较特殊的，在汉语发展史上并不多见，却在译经中大量出现。所以曹广顺（2010）认为可能是受到了外来佛经的影响，在翻译过程中，译者复制了梵文的部分疑问表达方式。其中，"为"和"颇"本来就是选择问句的连词，梵文佛经的翻译推动了它们向选择问句句首连词和反复问句句首副词/语气词的转化；"云何"则完全复制了梵文疑问助词的句法位置，在汉语疑问句中添加了一个"冗余"成分。

4. 来自古汉藏语

竟成（1988）发现藏缅语族也有类似于"F-VP"的问句，除了缅语支外，涉及整个藏缅语族，而且集中表现在羌语支。他认为这些附加成分和汉语中的"阿""可""莫"等表示疑问的附加成分同源。这些附加成分在各语支中的语音形式如表5-2所示：

表5-2 "F"在少数民族语言中的语音形式

语支	普米语	扎巴语	木雅语	纳木义语	尔苏语	史兴语
F	ε^{13}	ε^{35}	ε^{55}	ε^{55}	a^{55}	a^{55}
语支	纳西语	白马语	独龙族独龙河方言		独龙族怒江方言	
F	ϑ^{55}	ϑ^{53}	ma^{55}		$gɯ^{55}$	

对此，竟成（1988）也觉得疑惑，"人们常说吴语有台语底层，可是

台语中找不到这个表疑问的附加成分，反而是藏缅语中处处可见"。他认为吴语中的"可"（以及"阿、还、莫"）是极其古老的语法成分。

宋金兰在《汉藏语是非问句语法形式的历史演变》① 中提到一种形式上接近"F-VP"黏着型的是非问，主要分布于羌语支，如道孚、却域、木雅、吕苏、史兴等语言。此外，还有一部分语言兼有两种类型的是非问句，如羌、普米、扎巴、贵琼、纳西、景颇、独龙等语言。

另外，据徐杰、张媛媛（2011），在老挝、缅甸、泰国、越南和中国西南地区，有一种属于苗瑶语族的名为 Hmong Njua 的语言，也可以在句中谓语开头位置使用疑问助词，如：

⑬kuv cov nyaaj puas nyam hoob pee

　我　几个 阿姨　［疑助］喜欢　唱　　歌曲

综合前面的各种观点，我们尝试着梳理"F-VP"问句产生与发展的一个脉络：这一句式的历史也许比我们目前文献中所记载的要长一些，一开始是在口语中多见，后来由于在译经中大量使用，慢慢扩大了影响，开始进入书面语系统，盛行于明清，而后在书面语中的使用慢慢减少，在各地方言中以不同程度得以保留。

据我们的观察，不少地方的"F-VP"问句与选择问句不管在结构形式上还是在语义功能上，都有着密切的关系，下一节我们再由方言中的一些线索展开探讨。

---

① 宋金兰. 汉藏语是非问句语法形式的历史演变［J］. 民族语文，1995（1）：34－39. 汉语和藏缅语的是非问句按其语法形式大体上可分为两种基本形式：一种是分析型的，以疑问语气词为语法标志；一种是黏着型的，以前缀（或后缀）为语法标志。例如：汉语带语气词"吗"的句子是分析型的，像独龙语"ăŋ⁵³（他）ma⁵⁵（前缀）kɑi⁵⁵（吃）?"（"他吃了吗？"）（孙宏开. 独龙语简志［M］. 北京：民族出版社，1982：202）这样的是非问句是黏着型的。

第三节　客家话与吴语"F-VP"生成机制的比较

从移民的角度来说，我们无法直接得出粤赣交界处的"F-(neg)-VP"来源于苏皖的"F-VP"的结论，而目前又缺乏相关的古代文献证明两地方言的这种句式同起一源，我们尝试探讨二者的生成机制是否有共通之处。

前文我们论述了龙川客家话的"阿VP"是如何经由正反选择问句"X啊唔X"删减而来。那么，这一删减机制是否也适用于"F-VP"的其他区域呢？我们以中心区江苏一带的吴语为例，从吴语中发问词"F"的语音语义以及当地正反问句与选择问句的内在联系入手展开探讨。

一、吴语的发问词"F"可能含有否定性成分

首先，我们看吴语中常用的发问词"阿"的语义。

袁毓林（1993）认为吴语中的发问词"阿"可能含有否定性的语义成分，原因如下：一是苏州话的"阿"和"勿"都可用在"曾"的前面，构成复合词"阿曾"和"勿曾"，如："倮勿曾上过学堂。"（他没上过学。）"倮阿曾上过学堂？"（他上过学吗？）二是苏州话中两个常用的表时态的语气词"勒"和"哉"的分布基本互补："勒"只用在"勿曾""曾阿"的否定句和疑问句中，"哉"只用在其他句子（肯定句）中，也就是说"阿"和"勿"在同现限制方面有高度的一致性。而且，在用"阿"的真性问句中，紧接在"阿"后面的谓词性成分不能为否定性，"阿"与"勿"之间只有加进谓语"是"以后才能同现，如：

⑭a. ＊小王阿勿走？

　　b. 小王阿是勿走？

据此，袁毓林（1993）推测：疑问副词"阿"含有否定性的语义成分，整个词的意义相当于"是否"，它用在谓词性成分前，构成"阿VP"

型正反问句，整个句子的语义为"是否 VP"。如果这种推测是正确的，说明吴语中的"阿 VP"型反复问句也有可能和龙川话中的"阿-neg-VP"类型相同。

徐烈炯、邵敬敏（1999）也提到，"'否定'的标志'勿''唔没'和'疑惑'的标志'阿'在句法位置上似乎是相互排斥的，即有了'勿'，就不再允许'阿'在同一个位置出现，反过来，有了'阿'，也不再允许'勿'在同一个位置出现"。

汪平（1984）也描写了苏州话在否定的是非问句中"阿 VP"问和限定动词的否定词"弗""勿"冲突的问题，如：

苏州话：俚阿去？ ＊俚阿勿去？

普通话：他去吗？ 他不去吗？

从几位学者对吴语的研究来看，吴语的"F"可能也含有否定性的语义，与龙川话情况相似。

其次，从吴语发问词"F"的语音来看，其有可能包含否定词。

张敏（1990）认为江苏方言"F-VP"句式中"F"的语音形式有："还"[xai]、"可"、"看"[kʰæ]、"阿₁"[aʔ]、"阿₂"[a]。其中苏州、昆山、吴江、常熟、宝山等地的"阿₁"与高邮、南京的"阿₂"的区别是前者有喉塞音结尾而后者没有。吴语中常用的否定词"勿"[veʔ]是以喉塞音结尾的，而吴语中的"阿"和"可"也是喉塞音结尾的，如游汝杰（1993）所记（见表5-3）：

表 5-3　吴语"F-VP"句式中"F"的语音形式

金坛	丹阳	张家港	玉山	铜陵	武进	江阴	常熟	无锡	苏州
kʰəʔ	kʰəʔ	kʰəʔ/əʔ	kəʔ	kʰəʔ	əʔ/həʔ	ɪʔ	aʔ	aʔ	aʔ

联系前文讨论的龙川话中"F"的形式，我们猜测吴语中也可能存在

这样的演变途径：

龙川话：阿[a] + 唔[m̩] $\xrightarrow{\text{合音}}$ [am] $\xrightarrow{\text{韵尾脱落}}$ 阿[a]

吴语：阿[a] + 勿[veʔ] ⟶ 阿₁[aʔ] ⟶ 阿₂[a]

不过，目前而言，这也只是一种猜测，需要更多的证据来论证。

二、吴方言中的发问词"F"与选择问标记关系密切

1. "阿"与选择问标记"啊"存在联系

据游汝杰（1993），"从语音的角度看，'F-V'可以分为两小类，即'可-V'和'阿-V'。'阿'用作发问词，最早见于明末冯梦龙所辑苏州方言民歌集《山歌》。而在冯梦龙所辑的短篇小说集《警世通言》里，发问词只用'可'，不用'阿'。在明代'可-V'用于官话或书面语，而'阿-V'见于苏州方言口语"。我们主要探讨口语中的"阿"与选择问标记之间的关系。

首先，前文［第137页（四）］所记，吴语中多地存在"X啊Y"句式，如戴昭铭（1994）、郑娟曼（2009）所记的天台话和温州话的例子：

天台：□[køʔ³] 些有三斤阿四斤？（那些有三斤还是四斤？）

　　　（是）乃爸好阿乃姆好？（你爸好还是你妈好？）

温州：渠是日本人啊韩国人？（他是日本人还是韩国人？）

　　　你想吃饭啊想吃面哦？（你想吃饭还是吃面？）

吴语中的这一句式与客家话"X啊Y"句式相同，这些方言中存在"X啊Y"句式就意味着具有删略成为"阿VP"的前提条件。

其次，吴方言存在"VP-PRT-neg-VP"和"VP-PRT-neg"两种过渡形式，如苏州、海门、湖州、温州、乐清等地都有，语气词分别是"勒、呢、也"，否定词是"勿"或"否"，如：

温州：你走也否走？　你识也否识？　西餐你爱吃也否？

海门：你去勒勿去？

苏州：完税拨该撒应该呢勿应该？

乐清：个本书用着也用否着？ 渠个说话你相信也否？

宜兴：他走快勒勿？

我们以温州话为例，看一看这几种句式之间的关系（见图 5 - 2）：

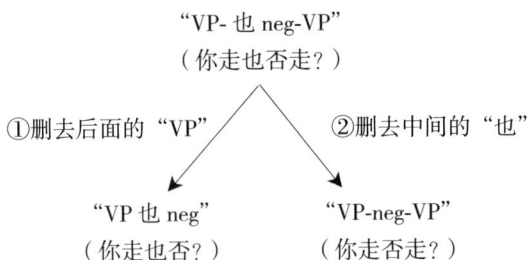

图 5 - 2 温州话三种句式之间的关系

温州话中的"VP 也 neg"是"VP-也 neg-VP"删去后面的"VP"形成的，而"VP-neg-VP"是"VP-也 neg-VP"删去中间的"也"形成的。理论上也可能出现第三条删除路径：删去前面的动词，然后和客家话一样，"啊"和后面的否定词合音，形成"F"，如图 5 - 3 所示：

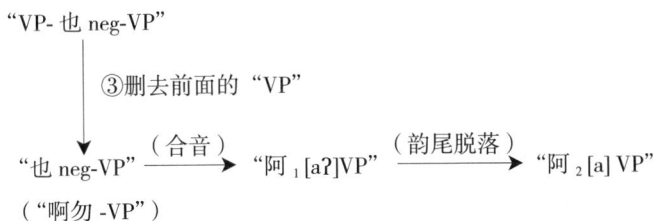

图 5 - 3 温州话"VP-也-neg-VP"句式删除路径的猜想

2. "还"既是当地"F-VP"的发问词，又是选择问标记

据张敏（1990），"还"字在淮安话里有三种读音 [xuæ]、[xɛ]、[xəʔ]。其中，[xuæ] 是动词"还"的读音，[xɛ] 是副词和选择问标记

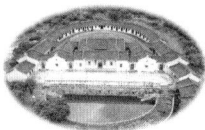

的读音，如：

⑮你还去？

⑯你吃饭还是吃面条啊？

这个"还"强调时念 [xɛ]，说快了则成为 [xəʔ]，而疑问副词"还"一般只能念 [xəʔ]。从读音来看，我们可以看到疑问副词"还"和选择连词"还"之间的联系，但是作为疑问副词"F"的"还"语音央化，已经开始语法化了。

其实除了吴方言以外，也有学者注意到了"F-VP"句式和"VP 啊 VP"之间的联系，如贺巍（1991）曾对获嘉方言的疑问句进行描述，提到了获嘉方言中的"可 VP"句式和"VP 啊 VP"句式中的发问词"可"及选择问句中的"啊"在语音上的联系。"可"字读入声，发为 [ka²⁴]，和"可身儿""可是"的"可"不同音，"啊"读 [a²⁴]，两者的韵母和声调相同，区别只是"可"字前面有声母 [k]，如：

⑰你可 [ka²⁴] 认哩他是谁？

⑱这地种菜啊 [a²⁴] 种豆？

三、历时层面的"F"多曾为选择问标记

从上古的"宁""岂"用于选择问句，到南北朝时期的"为"用于正反问句，直至唐代的"还"用于正反问句，宋以后"还"又"回归"于选择问句，正反问标记和选择问标记的这种互用、转换情况在汉语史上曾一再出现。

（1）"可"起初为表转折语气的副词，后变为选择问标记，如：

⑲你说可是我的是，可是他的是？（《鲁智深喜赏黄花峪》第一折）

⑳可是你叫，是那个叫？（《东堂老劝破家子弟》第三折）

元代的"可是"曾一度充当选择问标记：

㉑你是谎那，可是真个？（《冻苏秦衣锦还乡》第三折）

㉒你看我命里有，可是我运未通达？（《张子房圯桥进履》第二折）

㉓你说可是我的是，可是他的是？（《鲁智深喜赏黄花峪》第一折）

㉔今日你接我，可是我接你？（《孟德耀举案齐眉》第四折）

这里的"可是"无疑是从"可是 VP"这种正反问句中变过去的。

（2）"还是"进入选择问句之前，"还"字已单独用于选择问句，如：

朱德熙（1985）曾列举了《祖堂集》中"还 VP 不"和"还 VP 也不"两种形式的反复问句，如：

㉕师云："那个人还吃不？"洞山云："行即吃。"（《祖堂集》卷五，"云岩和尚"）

㉖皇帝问："诸佛还有师也无？"对云："佛佛相传，作摩无师？"（《祖堂集》卷十三，"报慈和尚"）

梅祖麟（1978）除了关注到《祖堂集》中的这两种反复问句外，还关注到《祖堂集》首次出现"还"作选择问标记的例子：

㉗古人还扶入门，不扶入门？（《祖堂集》卷十一，"保福和尚"）

㉘祖意与教意，还同别？（《祖堂集》卷九，"落浦和尚"）

㉙与摩道，还得剿绝，为当不得剿绝？（《祖堂集》卷十一，"保福和尚"）

四、其他方言的旁证

前文我们认为吴语中的"F-VP"有可能和龙川话一样，是由"X 啊 Y"选择问句中的正反选择问句"VP-PRT-neg-VP"删去前面的动词形成的，"F"是由"PRT"和"neg"合音而成。对于这一说法，我们也可以从其他方言找到一些旁证。

余霭芹（Anne O. Yue-Hashimoto）[①] 认为现代闽南话的"ADV-VP"问句（具体指"敢 VP""岂 VP"）来源于"古代口语层次"（premodern col-

① HASHIMOTO A O Y. Stratification in comparative dialectal grammar: a case in southern Min [J]. Journal of Chinese linguisics, 1992, 19（2）: 172－201.

157

loquial stratum）的"可/岂 + VP + neg"问句。否定词"neg"的位置发生前移，导致了"可/岂 + neg + VP"格式的产生，而"可/岂"和"neg"的合音又产生了现代闽南话的"敢/岂"，于是便有了现代的"敢/岂 VP"。不过余霭芹声明这种演变过程只是一种推想，至于是什么原因引起"neg"的位置发生前移，她表示还有待进一步研究。结合前面对客家话的调查和对吴语的推测，我们认为余霭芹的这一推想是合理的。

据罗福腾（1981），山东牟平话"是不、可不、是没、可没"可作为正反问句的发问词，同时牟平话中的"是"和"可"和普通话中的一样有强调作用，可以放在否定句前面表示强调，以下句子虽然用字相同，但是有两种不同的意义（左侧为正反问句，右侧为否定句）：

㉚他是不 | 爱吃米饭？　　　　　他是 | 不爱吃米饭。

　（他爱不爱吃米饭？）　　　　（他确实不爱吃米饭。）

㉛这个苹果可不 | 酸？　　　　　这个苹果可 | 不酸。

　（这个苹果酸不酸？）　　　　（这个苹果确实不酸。）

㉜他是没 | 看完这本书？　　　　他是 | 没看完这本书。

　（他有没有看完这本书？）　　（他确实没有看完这本书。）

㉝他可没 | 跑步？　　　　　　　他可 | 没跑步。

　（他有没有跑步？）　　　　　（他确实没有跑步。）

表示正反问时，句中的"是不、可不、是没、可没"连读，句末升调；表示否定的意义时，句中"是""可"重读，而且与后面的否定词连接松散，句末用陈述语调。胶东半岛上这种特殊的"是不/没 VP""可不/没 VP"句式中的"F"包含了否定词"不""没"但没有否定义，从侧面印证了我们对"F-neg-VP"句式的猜测。

据宋金兰（1995），汉藏语诸语言中是非问句的疑问式黏附成分都与否定词或否定式黏附成分音同或音近。汉藏语中的否定词按其基本的语音形式可分为三系（见表 5 - 4）：

表 5-4　古汉语和藏缅语否定词比较

否定词	古汉语	藏缅语
p-系	"不" * pɯ	苏龙珞巴语的 ba，大理白语的 [n̪o⁴⁴] pɯ³¹
m-系	"毋" * ma	藏语的 ma，独龙语的 mɯ³¹
k-系		景颇语的 hkum，麻窝羌语的 tɕi，木雅语的 tɕɯ [tɕ < *k]

宋金兰（1995）认为某些语音或方言零声母的否定词当是 p-、m-、k-等声母脱落后的形式，如彝语的否定词，北部方言是 [a²¹]，而西部方言是 [ma²¹]；剑川白语的否定词有 [ja³⁵] 和 [a²¹] 两种读音。汉藏语的疑问式黏附成分恰好也具有这几种语音形式。汉语与藏缅语疑问式黏附成分与否定词之间的这种相似性，恐怕很难解释为巧合。

另外据宋金兰（1993），独龙语中的 [ma] 是疑问式黏附成分，[ma] 是一个独立的音节，既可放在动词之前，又可放在动词之后，例如：

㉞aŋ⁵³ma⁵⁵di⁵³ ＝ aŋ⁵³di⁵³ma⁵⁵ （他去吗？）

　　他　　去　　他　去

这两种句式的存在与客家话的 "VP-neg?" 和 "neg-VP?" 正好对应，说明否定词前置和后置都可以构成正反问句。可见，客家话 "neg-VP?" 的出现与使用并非偶然，历史上曾经有过这样的用法。安远话、龙川话部分地区中的这一格式究竟是源自古汉藏语系，还是来自 "VP-啊-neg-VP?" 的删略？目前，我们缺乏证据论证汉语方言中的 "F-VP" 句式是直接从古老的汉藏语系中发展而来的，但是我们觉得二者的生成机制存在联系。"F" 有可能是由否定词（至少包含否定成分）发展而来。目前我们缺乏相关的文献证明来下一个定论，但不可否认的是：否定词前置也是构成正反问句的一种语法形式。

综上所述，根据众学者对吴方言 "F" 的语义和使用的观察，结合汉语方言中和历时层面上 "F" 与正反选择问句 "VP-PRT-neg-VP" 中 "PRT" 的比较，通过对吴方言正反问句的各种类型内在联系的探讨，我们

159

认为吴方言中的"F-VP"有可能是由正反选择问句"VP-PRT-neg-VP"删减前面的"VP"而来，也就是说和龙川话的"阿（唔）VP"可能有相同的生成机制。这只是我们的一个推测，需要更多方言事实的验证。余霭芹对于闽南话也有类似的推测，认为现代闽南话中的"F-VP"可能是由"可/岂＋neg＋VP"发展而来。胶东半岛的"是不/没 VP""可不/没 VP"句式也可看成一种"F-neg-VP"。

第四节 "VP-neg"问句在方言中的
分布和"neg"的虚化

一、"VP-neg"在方言中的分布

据邵敬敏、周娟（2010），"现在很多方言的正反问都是倾向选用'VP-neg'的。如整个东北地区（限老派）以及山东胶莱河以西的内陆地区，人们大都使用'VP-neg'句式，山西、青海、陕西北部、甘肃临夏以及河北有些地方，也是'VP-neg'占绝对优势"。吴方言、湘方言和闽方言也不少见，只是分布没有那么广泛。湘方言区湘乡、衡阳、益阳、湘潭、娄底、隆回等地也都存在"VP-neg"。据余霭芹（1992），"吴方言区除上海外，崇明、宁波、天台等也都是'VP-neg'占优势"；粤方言中较保守的次方言，无论已然体还是未然体，一律用"VP-neg"；闽方言区的台中、宜兰、揭阳等地也都是"VP-neg"占优势。

依据句末否定词的虚化程度，"VP-neg"可有以下三种类型：

1. 正反问句

句末"neg"有实在的否定意义。普通话和许多方言中的"VP-neg"用于已然体询问时都更接近这一类型，如河南、东北、山东、广东等地方言：

广东广州：你食咗饭未？（你吃过饭没？）

山东潍坊：你去不？　你吃不？　你去没？

河南郑州：书看了没？　你去不？

广东梅县：你食饭唔曾？　你去过唔曾？

2. 是非问句

句末"neg"已经虚化为语气词，否定意义消失。如卢小群（2007）记录的湖南湘潭话中有这样的句子："妹唧还冇回来不？"（女儿还没有回来吗？）除了句末否定词，句中还出现了另一个否定词"冇"，说明湘潭话"VP-neg"中句末否定词"不"的虚化程度比较高。

3. 正反是非问句

句末"neg"出现了一定程度的虚化，开始向是非问过渡。晋语陕北片等方言中"VP-neg"属于这种情况。可以说，汉语方言中"VP-neg"的"neg"的虚化是一个普遍现象，以下我们结合前人文献中的描写对这一现象进行分类考察。

二、"VP-neg"向是非问句发展的常见路径

"VP-neg"句式大量向是非问句转化的现象在各地方言大量存在，我们分成三种情况考察：否定词→准疑问语气词，以晋语陕北片（邵敬敏称为陕北方言）为例；否定词+句末语气词→准疑问语气词，江淮官话、吴方言、湘方言属于这种类型；否定词部分脱落，形成准疑问语气词，以粤方言封开话为例。

1. 否定词→准疑问语气词

据邵敬敏、王鹏翔（2003），陕北方言中有一种特殊的"VP-neg"，如：

㉟问：今天是二月二不？（今天是二月二吗？）

　　答：是嘞。/不是/。（是的。/不是。）

㊱问：车开走喽没？（车开走了吗？）

161

答：开走嘞。/没。（开走了。/没有。）

由于这种句式句末没有语气词，句末"neg"的否定作用明显弱化，开始语法化为一种疑问标志。而邢向东（2005）对此有异议，他认为陕北方言反复问句的形式是独立形成的，而不是经过省略形成的，句尾的"不"和"没"仍然是否定词。古代汉语中"VP-neg"非常常见，从形成机制来看，是将否定句中的否定词移到句尾形成的疑问句。

邵敬敏与邢向东观点差异的核心在于"VP-neg"究竟是独立形成还是经由"VP-neg-VP"省略而成。从汉语史上"VP-neg"和"VP-neg-VP"出现的顺序来看，我们更倾向于前者，认为"VP-neg"是独立形成的。而且，陕北方言中处于疑问句句尾的否定词"不""没"与客家话中的"无""盲"一样，也正处在虚化过程中，同样虚化得还不彻底。

2. 否定词＋句末语气词→准疑问语气词

正反问句句末单独的否定词可能发生虚化，另外，有些方言的否定词后常带有一个语气词，这个语气词和否定词合音，从而产生另外一个准疑问语气词。这个准疑问语气词与普通话中"吗""吧"的不同之处在于它既可以合并成一个词，又可以拆分成否定词和语气词，还没有彻底虚化到普通话是非问句中疑问语气词的程度。

汪国胜（2011）认为湖北大冶话的"吧"问句和"吗"问句应该是"不啊"和"冇啊"的合音。大冶方言中至今仍可"分而不合"，"吧""吗"的虚化程度不如普通话中的"吧""吗"。一方面，它们还可以分开来说，另一方面，它们仍然保留着"不/m＋语气"的含义，如：

㊲你一个人睏怕不啊/啦？→你一个人睏怕吧？

（你一个人睡觉怕不怕？）

㊳昨儿个衣裳洗冇啊/啦？→昨儿的衣裳洗吗？

（昨天的衣服洗了没有？）

另据项菊（2005），黄冈方言除了有表示未然的"VP不"和表示已然的"VP冇"之外，还有两者和语气词结合的例子，各地的情况还不太一致：

　　普遍形式：㊴你喝点儿茶不？ 你们这回看了赤壁冇？

　　　　　　㊵这大一担柴，他挑得动不？ 屋里有人冇？

　　红安："VP 不"+"嘞"→"VP 不嘞" 门敞倒不嘞？

　　黄梅："VP 不"+"波"→"VP 啵" 你会唱歌儿啵？

　　黄州："VP 不"+"欸"→"VP 呗" 电视关倒呗？

　　虽然红安和黄梅的句式语义偏于肯定，但这使"不"由否定词向句末语气词虚化迈进了一步。中片黄州、团风等地，"不"和"欸"合音为"呗"。英山方言中，人们根据表意的不同，既可选用"VP 不"，也可选用"VP 不噢"或"VP 呗"式，说明"不"的虚化往前走了一步。

　　据史冠新（1989），山东临淄方言里，凡用"V 噢（啊）不啊"发问的句子大都可以用"V 噢（啊）吧"代替，句意不发生变化，例如：

　　㊶今后晌演电影噢不啊？/今后晌演电影噢吧？

　　㊷他明天来啊不啊？/他明天来啊吧？

　　据伍云姬（2006），湘方言最常见的反复问句的结构是"VP-neg-PRT"，这种句式开始向"VP-PRT"转化，如：

　　"VP 不"+"啦"→"VP 吧" 你吃饭吧？

　　"VP 不"+"啰"→"VP 啵" 咯只瓜甜啵？

　　"VP 冒"+"啊"→"VP 曼" 你吃咖饭曼？

　　上海话中的"VP"句式，从形式上看很像是非问句，但实际上"哦"是吴语中否定词"勿"和语气词"啦"的合音，"VP 哦"还是属于"VP-neg"格式。据陈芙（2013），赣方言也常使用这一形式，如：

　　"VP 不"+"啊"→"VP 呗" 尔去河口呗？

　　"VP 不"+"哦"→"VP 啵" 你还要钱啵？

　　"VP 冒"+"哦"→"VP 么" 你看到唻么？

　　由上可见，句末否定词加上句末语气词合并为新的准疑问语气词是汉语方言"VP-neg"由正反问句向是非问句转化的一个非常普遍的途径。

3. 否定词部分脱落

据侯兴泉（2005），南丰话的"VP 曾"是由"VP-neg 曾"脱落否定词"唔"发展而来的，不但可以用于已然体，还可以用于未然体，如：

㊸佢去过南丰曾？——去过（咧）。/唔曾。

（他去过南丰没有？——去过。/没有。）

㊹你去南丰曾？——去咧。/唔曾。

（你去不去南丰啊？/你去南丰吗？——去。/不去。）

对于"VP 曾"的定性，侯兴泉也觉得困难：从来源及在已然体中使用来看可归为正反问句，从形式及在未然体中使用来看也可归为是非问句。这种困难其实正说明了正反问句和是非问句之间并非泾渭分明。

东源县顺天镇客家话的"VP 唔曾"句式中的"唔"也常常脱落，变成"VP 曾"句式：

㊺深圳你去过唔曾？→深圳你去过曾？

㊻你买票唔曾？→你买票曾？

以上各地方言中"VP-neg"句式向是非问句发展的实例进一步验证了前辈学者对于"吗""吧"来源于否定词的推测，同时也论证了各地"VP-neg"句式发展的不平衡性。魏培泉（2007）认为，从历史的角度来看，是非问句"VP-PRT"和"VP-neg"的关系往往是很密切的，因为有不少方言的疑问助词来自"VP-neg"的"neg"。通过我们对方言中"VP-neg"的探讨来看，确实二者之间的界限比较模糊，所以学者们才会有不同的界定。其实历史上的"VP-neg"已经开始向是非问句转化了。

三、汉语史里的"VP-neg"

从汉语史的角度看，"VP-neg"是一个有很长历史的句式，很长一段时间内，它几乎是文献中唯一的正反问句形式。

遇笑容、曹广顺（2002）指出，"VP 不"是汉语正反问句的主要格式，产生于上古时期，始见于岐山县董家村出土的西周中期的五祀卫鼎上的铭文，如："正乃讯厉曰：'汝贾田不？'"中古"VP 不"大量使用，已经是一种相当成熟的句型。唐代的诗歌、变文、禅宗语录中最占优势的正反问句则是"VP-neg"格式。据周生亚（2004），晚唐、五代时期"VP-neg"句式开始向是非问句转化。五代时期的禅宗语录《祖堂集》中的"VP-neg"句式大部分已经虚化，许多句子已成为是非问句，而不是正反问句。

第五节　重叠式正反问句"VV（P）" 在汉语方言中的分布、特点及形成

重叠式正反问句"VV（P）"从结构上来说，就是"VP-neg-VP"句式省略了否定词，使动词或形容词重叠而构成的一类特殊的正反问句。

一、重叠式正反问句"VV（P）"在汉语方言中的分布

据罗昕如、彭红亮（2012），有重叠式正反问句的方言在整个汉语方言中所占比例很小，但是涉及的方言比较多，许多方言中都有相关的报道。我们综合邵敬敏、周娟（2007），郭利霞（2010a），欧阳国亮（2011），罗昕如、彭红亮（2012）等人的统计和相关报道，将汉语方言中的"VV（P）"重叠式正反问句分布范围整理如下：

北方方言：中原官话（甘肃省的舟曲、西和），江淮官话（湖北省的随州、安陆、黄冈浠水，江苏省的泗阳、淮阴），胶辽官话（山东省的招远、长岛），晋语（五台片朔城区、平鲁、代县），西南官话（重庆市）。

南方方言：闽语（福建省的福州），吴语（浙江省的绍兴、诸暨、嵊州市、金华、武义等），湘语（湖南省的永州、邵阳，广西壮族自治区桂北地区的全州、兴安、灌阳、资源四县），客家话（江西省的于都、会昌，福建省的连城、长汀，广东省的梅县、南雄），粤语（广东省的怀集），桂

南平话（广西壮族自治区的横州市）。

二、重叠式正反问句"VV（P)"的特点

由上可见，从广东到江西、湖南，从福建到浙江再到江苏、山东，都有重叠式正反问句，呈现出众多的一致性，也表现出一定的差异性。

（一）汉语方言重叠式正反问句"VV（P)"的共性

欧阳国亮（2011）曾总结汉语方言重叠式正反问句"VV（P)"的三个共性：①不用否定副词，直接用动词或形容词重叠。②重叠时都存在两种情况，当动词或形容词为单音节时，直接重叠，即 AA 式重叠；当动词或形容词是双音节时，第一个音节重叠，即 AAB 式重叠。③重叠的词语第一个都读轻声，第二个读原声，表现出韵律起伏。前两条规律都具有普遍性，但是我们考察现有研究成果，第三条规律在某些方言中不适用，所以我们稍作调整，总结汉语方言重叠式正反问句的共同特点如下：

（1）不用否定副词，直接用动词或形容词重叠，如：

山东招远：你去去？（你去不去？）

你肯肯给他？（你肯不肯给他？）

愿愿意吃干饭？（你愿不愿意吃干饭？）

山东长岛①：你会会？（你会不会？）

长得苗苗条？（长得苗不苗条？）

江苏淮阴：你听听哪？（你听不听？）

你帮帮忙啊？（你帮不帮忙？）

高高兴？（高不高兴？）

吃吃得苦？（吃不吃得苦？）

浙江绍兴：来来？（来不来？）

冷冷？（冷不冷？）

---

① 现为山东长岛国家级自然保护区，归入蓬莱区。

（2）单音节谓词一般 AA 式重叠；谓语部分是双音节或多音节的，一般第一个音节重叠，即 AAB 式重叠，如：

湖南流峰：你走走？（你走不走？）

　　　　　你想想吃饭？（你想不想吃饭？）

浙江绍兴：伊有有格本书？（你有没有那本书？）

　　　　　伊有有去？（你有没有去？）

山东招远：这书是是你的？（这书是不是你的？）

（3）谓词重叠表现出韵律起伏，如：

从目前资料来看，大多数重叠的词语第一个都读轻声，第二个读原声，表现出旋律起伏，但是伍伶俐（2014）所记载的广西全州是重轻格式，如："拍拍"［$p^hai^{513}\,p^hai^{55}$］（拍不拍），"踢踢"［$t^hi^{513}\,t^hi^{55}$］（踢不踢），"来来"［$lai^{513}\,lai^{55}$］（来不来）。许卫东（2005）记载的招远话重叠式的逻辑重音也落在第一个音节上，第二个音节的读音相对于第一个音节来说也显得弱一些。

（二）重叠式正反问句"VV（P）"的差异性

1. 各地方言重叠式正反问句可重叠的"VP"的范围存在差异

汉语方言中的重叠式正反问句一般只能由谓词性成分重叠而成，但各地方言可重叠的"VP"的范围大小不一，如晋语"VP"仅限于动词，而据蒋协众（2013）、许卫东（2005），邵阳话、招远话能重叠的除了谓词之外，还有时间名词、介词、副词等非谓词，甚至还有短语和复句形式，如：

（1）由时间名词重叠构成。

湖南邵阳：你还早早起家洗澡哩？（你还在不在早上洗澡了？）

山东招远：今天端端午节？（今天是不是端午节？）

（2）由介词重叠构成。

湖南邵阳：你到底把把我咯钱还把我？（你到底把不把我的钱还

给我？）

山东招远：部队打打这里走？　向向她认错？

（3）由副词重叠构成。

湖南邵阳：你亲亲自去接其哩？（你要不要亲自去接他呢？）

菜重重新热一道哩？（菜要不要重新热一遍呢？）

你紧紧倒哭哩？（你会不会老是哭？）

山东招远：他亲亲自来接你？

这篇文章重重新写？

他们都都来你家？

（4）由俗语性短语重叠构成。

湖南邵阳：你一一肚子花花肠子哩？（你要不要小聪明了？）

山东招远：他一一肚子坏水？（他是不是一肚子坏水？）

（5）由复句形式重叠构成。

湖南邵阳：你因因为我爱打牌就要和我离婚哩？

（你会不会因为我爱玩牌就要和我离婚？）

方言中的副词可以重叠形成正反问句的情况还比较多见，其中使用频率较高的有两种：一种是表示完成义的"曾"可重叠成"曾曾VP"，一种是表示否定义的"没"可重叠成"没没VP"。"曾曾VP"多出现在客家话中，如江西于都、福建连城（新泉）和长汀等地的客家话。项梦冰（1990）在谈到连城（新泉）话的反复问句时提到"由副词'无、曾'可以形成反复问句。'曾唔曾VP'，以发生合音说成'曾³⁵曾VP'为常。'曾³⁵曾VP'可以再次发生合音，成为'曾³⁵⁵⁵VP'"。潘登俊（2011）认为淮阴方言中的"没没VP"和客家话中的"曾曾VP"情况相似。

2. 各地方言重叠式正反问句的使用存在差异

各地方言重叠式正反问句的使用差异指两个方面，一是"VV（P）"内部时体方面的使用差异，二是"VV（P）"与其他正反问句格式的并存使用情况。

首先，"VV（P）"内部时体方面的使用差异，如山东招远、长岛的"VV（P）"只用于未然体的句子，不能用于已然体。其他方言中常用于已然体的动词"有"可以用于未然体的形式，如"你有有钱?""他有有媳妇?"等。

其次，有的方言"VV（P）"格式能与"VP-Neg-VP"格式共存。两种格式并存且可以互换，不受语义和语用的制约，如重庆话和湖北浠水话、湖南流峰土话等。两种格式并存，一般情况下使用"VV（P）"，当表示不耐烦或者强调时使用原式，如福建连城（新泉）话和浙江绍兴话。有的方言只有"VV（P）"，没有"VP-neg-VP"，据罗福腾（1996a），山东招远、长岛两地的反复问句只采用重叠的形式，但存在"VP-neg"格式。郭利霞（2010a）指出晋语五台片正反问句主要采用"VP-neg"，只有新派才用"VP-neg-VP"式，而"VV（P）"式往往是"VP-neg-VP"发展到极端的一种表现。

三、重叠式正反问句"VV（P）"的形成

关于重叠式正反问句，众人的研究中讨论最多的问题是：这种特殊的"VV（P）"在各个方言里具体是怎样发展演变而来的。欧阳国亮（2011）检索了古代汉语相关语料，从上古、中古和近代汉语的书面语料中均未检索到"VV（P）"式正反问句，他认为从历时的角度难以解释其来源。

朱德熙（1991）指出："Vg-neg-VO"的紧缩形式"V-neg-VO"在不同方言里具有不同的紧缩方式，一是否定词（neg）跟前边的动词融合成一个音节；二是省略否定词。这一观点得到很多学者的认同，他们根据自己调查的方言情况，从共时的角度所作的分析通常包含两种观点：合音和紧缩。根据众人的论述，我们概括成两种情况：

（1）否定词采用合音的方式跟前面的动词融合成一个音节，福建省的福州话、连城（新泉）话、长汀话，江西于都话，山东招远话、长岛话等属于这种类型。

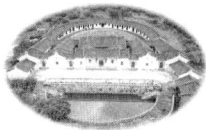

项梦冰（1990）认为连城（新泉）话的重叠式正反问句是由合音加置换声调造成的。连城（新泉）话相当于北京话"不"的否定词"唔"[ŋ³⁵]读阴入调，"V 唔 V"前"V"采用了"唔"[ŋ]的声调35、省去了[ŋ]这个音节而形成"V³⁵ V"，"A³⁵ AB"也同出一理。据许卫东（2005）、李文浩（2009），招远话、长岛话和淮阴方言的重叠式正反问句也是由合音造成的紧缩形式。

（2）否定词直接省略（或者脱落），否定词前后的音节读音不变。

据郭利霞（2010a），晋语五台片的"VV（P）"式正反问句与普通动词重叠在语音形式上完全相同，连读变调也没有什么不同，因此可以判断是"VP-neg-VP"式问句省略了中间的否定词，省略掉的否定词一般是"不"，在比较句中也可能是"没"，如："他有有你肉？"（他有没有你胖？）

以上探讨了汉语方言中"VV（P）"式正反问句的分布、特点及形成原因。一般认为"VV（P）"是"VP-neg-VP"的变式，是一种特殊的正反问句形式。

小　结

正反问句的意义是说话者让听话者从肯定和否定两个选项中做出选择，从形式上来看，普通话和方言的正反问句一般都带有某个否定标记，如普通话正反问句的常见形式有：①"VP 不/没 VP"；②"VP 不/没（有）"；③"有没有 VP"。其中否定词"不"一般用于询问未然事实，"没"用于询问已然事实，否定词可以中置，如①；也可以后置，如②；也可以将"有"和"没有"正反叠加置于谓词前面提问。可见，普通话正反问句的构成与否定词有着密切的关系。据邢福义："否定形式进入句法结构，很能反映方言特色。否定形式用在结构中间时状况如何，同什么样的形式构成表述框架，特别是否定形式用在结构末尾时状况如何，怎样同别的形式构成表述框架，都是值得做深入研究的课题。"①

本章以客家话正反问句三种主要类型为切入点，结合汉语各地方言和汉藏语系历史上曾经出现的同类句式，分析否定词在不同的正反问句结构中的位置及其发展趋势，探讨汉语方言否定词与正反问句句法结构的关系。

①否定词后置型——"VP-neg"，如客家话使用最广泛的"VP 无"和"VP 唔曾"。

②否定词中置型——"VP-neg-VP"，如客家话中的"VP 唔 VP"。

③否定词前置型——"F-VP"，如龙川客家话中的"阿（唔）VP"和"neg-VP"。

（一）汉语方言中三种正反问句类型中的否定词均有不同程度的虚化

①"VP-neg"中的否定词普遍开始虚化，"VP-neg"朝"VP-PRT"发展。

"VP-neg"在汉语史上是一种很重要的句式。因为各个时期使用的否定副词和否定代词不同，所以"VP-neg"句式中"neg"的形式也不相同。根据李思明（1984）的归纳，各个时期使用的否定词有"否""不""无""不曾""未曾""没""没有"，见表5-5。

171

表 5 - 5　历代"VP-neg"否定词使用情况

时间	否定词	使用状况
先秦	否	只有"否"
汉魏六朝	否、不、未	以"不"为主
唐宋	否、不、未、无	以"否""不"为主
元明	否、不、未、无、不曾、未曾、没	以"不""否""不曾"为主
清代	不、否、不曾、没有	以"不""没有"为主
现代	不、没有、否	"否"只用于书面语的个别场合

---

① 邢福义. 否定形式和语境对否定度量的规约 [J]. 世界汉语教学，1995 (3)：5-11.

"VP-neg"在各地方言中的使用也很广泛（参看第四章第一节的相关论述），各地的否定词有不同程度的虚化现象。从历时的角度来看，"VP-neg"也是历史文献中广泛使用的一种句式，并且后面的否定词也已经开始语法化为语气词，黄国营（1986），吴福祥（1997），刘子瑜（1998），遇笑容、曹广顺（2003），杨永龙（2003）等人都曾讨论过这一现象。否定词后置构成正反问句不管是在共时层面还是历时层面都是一个普遍现象，句末的否定词语法化为语气词也是常见的现象。

（2）"VP-neg-VP"中的否定词一般读为轻声，部分地区的否定词与前合音或脱落，形成"VP-VP"重叠式正反问句。

"VP-neg-VP"是由谓词的肯定形式和否定形式叠加而成的，否定词位于两个谓词中间。普通话中"VP 不 VP"和"VP 没 VP"中间的否定词"不""没"在语流中往往要读为轻声。有些方言的"VP-neg-VP"中的否定词由于合音或紧缩而弱化甚至脱落。

据欧阳国亮（2011），所谓合音是指反复问句中的否定词与前一个动词或形容词音节上合而为一。这种情况一般是由否定词发音相对较弱或者否定词是一个特殊的音节引起的，如福建连城（新泉）方言中的否定词"唔"，读音为鼻音音节 [ŋ]，由于这一鼻音节发音弱，在"VP 唔 VP"中往往会一带而过，从而导致与前面的"VP"音节产生合音现象。所谓紧缩则是指为了口语表达简洁的需要而省略否定词，从而造成句式紧缩，紧缩往往也称作脱落现象。从合音与紧缩的性质来看，由合音形成的重叠式反复问句，否定词依然存在，只是音律上合并到了前一个谓词性词语中，在语音上融为一体。相比之下，紧缩而形成的重叠式反复问句则纯粹是脱落了否定词，二者的性质明显不同。

③"阿（唔）VP"和"neg-VP"中的否定词语音弱化，失去否定义，成为前置的疑问副词。

前文提及龙川老隆话常见的正反问句有如下三种：

"F-neg-VP？"：你阿唔来哦？

"neg-VP?"：你唔来哦？

"F-VP?"：你阿来哦？

第一种是将语气词和否定词"唔"前置提问；第二种是将否定词单独前置；第三种是否定词脱落，语气词单独充当发问词。由于汉语中否定句的语序一般都是否定副词位于谓词的前面，形成"（S)-neg-VP"句式，普通话也有用"neg-VP?"提问的，但通常是用于反问或者求证性的偏向问，而不是中性疑问，一般读为升调，如：

否定句	是非问句（非中性询问）
他不去学校。	他不去学校？↗
他昨天没来。	他昨天没来？↗

173

这些句子中的否定词都是有实在的词汇意义的，而龙川话正反问句中的否定词已经没有词汇意义，不再表示否定，只是前置表达一定的语法意义而已，而这一语法意义也已经由否定变为疑问，而且是中性的询问。这说明这三种句式中的否定词均已语法化。

（二）正反问句中否定词向疑问标记转化的途径

江蓝生在《语法化程度的语音表现》中提到："语法化包含两方面的内容，一是指实词逐渐虚化为没有实在意义的语法成分的过程，二是指短语或词组凝结为一个单词的过程，可分别简称为词汇的虚化和短语的词汇化。……语法化往往伴随着音变。……诸多语法成分在语法化过程中都发生了类似的轻读音变，即：元音央化，声母脱落。"[1]

①否定词的直接语法化。

"VP-neg?"问句句末单独的否定词可能发生虚化，如陕北方言中的

---

① 江蓝生. 语法化程度的语音表现［C］//石锋，潘悟云. 中国语言学的新拓展：庆祝王士元教授六十五岁华诞. 香港：香港城市大学出版社，1999：294.

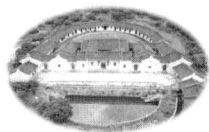

"今天是二月二不？""车开走嘞没？"便属于这种情况，否定词后置，慢慢虚化为一个"准疑问语气词"。客家话的"唔曾"合音为"盲"，其实也是虚化的体现。

龙川车田、上坪的"neg-VP？"中的"唔"也属于这种直接语法化。一般来说，这种否定词的直接语法化都会伴随着语音的变化。如上坪的"neg-VP？"中的"neg"的语音与否定句中的"neg"相比，音长较短，音强较轻，语音轻化了。

②否定词和其他成分合并后语法化。

有些方言"VP-neg？"问句的否定词后常带有一个语气词，这个语气词和否定词合音，从而产生另外一个准疑问语气词。本章第四节列举了很多方言的例子，如湖北大冶话的"吧"问句和"吗"问句应该是"不啊"和"冇啊"的合音；山东临淄话里的"V 噢（啊）不啊"合音为"V 啊吧"。

龙川的"F-VP？"是由"F-neg-VP？"发展而来，其中语气词"啊"和否定词"唔"在有些镇合音为"阿唔$_2$"[am^{31}]、□[aŋ^{31}]或"暗"[ɛn^{31}]，有些镇进一步脱落韵尾形成新的"F"："阿"[a^{44}]。

可见，正反问句中的否定词不管是在句末还是在谓词前面，都有可能与其他语法成分合并，然后语法化为新的表示疑问的标记。

（三）正反问句中否定词语法化的诱发因素

刘坚、曹广顺、吴福祥谈到诱发汉语词汇语法化的因素有"句法位置的改变、词义变化、语境影响和重新分析"，也谈到了读音的变化和语言间的影响等因素。其中，"句法位置的改变及其固定化通常表现为某个实词由在句子结构中的核心句法位置变成经常出现在某个适合于表示特定语法关系的句法位置上，从而引起其词义变化（抽象化→虚化），发展下去，便虚化成专门表示这种语法关系或语法功能的虚词"[①]。汉语方言正反问句

---

① 刘坚，曹广顺，吴福祥. 论诱发汉语词汇语法化的若干因素 [J]. 中国语文，1995（3）：161－169.

中的否定词的语法化一般受如下几方面的影响：

①句法位置。

"VP-neg?"是将否定词后置形成疑问，简洁明了，因而广为使用，在汉语史上有着重要的位置。据吴福祥（1997），"VP-neg"句式中"neg"的虚化变为语气词可能是以下因素交互作用的结果：一是否定词"VP-neg"的位置变化。否定词一般置于谓词前充当状语，置于句尾后与谓词的关系变得比较不密切；二是可能受"VP 乎/耶"形式的类化影响；三是"neg"久处句末，易读轻声。

"neg-VP?"将否定词前置，与否定句的语序相同，容易混淆，所以通常要借助其他的语法手段来形成疑问，如句末升调、借助句末语气词等，车田、麻布岗等镇的客家话则通过前置"neg"的变音形式来表达疑问。

刘坚、曹广顺、吴福祥认为"状语和补语的位置较容易引发语法化，这是因为表示范围、程度、时间、工具、方式、原因、对象、结果等语法范畴的词汇一般都出现在这两个位置上，处在这两个位置上的词汇如果词义进一步虚化，就有可能转化为单纯表示各种语法意义的语法单位"[①]。"neg-VP?"中的"neg"处于状语位置，"VP-neg?"中的"neg"处于补语位置，所以都容易虚化。

"VP-neg-VP"中"neg"的虚化甚至脱落是受语流音变的影响。据许卫东（2005），重叠式正反问句隐去了"不"字，导致正反之间的"零距离"，形成了直观的重叠形式，体现了语言运用的经济原则；另外，把焦点直接指向所要发问的对象，体现了语言运用的主观化原则。

②语义变化。

一般来说，在语言中可以省略的通常是那些信息量小的、可有可无的次要语法成分。句子的否定词是语义的焦点，不是不重要的成分，正反问

---

① 刘坚，曹广顺，吴福祥. 论诱发汉语词汇语法化的若干因素［J］. 中国语文，1995（3）：161－169.

句中的否定词可以省略说明它在这个句式中已经虚化或者弱化，已经不是典型的否定词了。

我们以客家话的"neg-VP?"为例，看一下否定词的变化。客家话中有表示偏向问的"neg-VP? ↗"，也有表示中性询问的"neg-VP?"，一般不读为升调。为了与否定句和偏向问句区分开来，这种正反问句采取的语法手段有两种：一是否定词轻读，如龙川的车田、麻布岗：

否定句	偏向问句	中性问句
渠唔$_1$去。	渠唔$_1$去? ↗	渠唔$_2$去? → （"唔"轻读）
渠唔曾$_1$去。	渠唔曾$_1$去? ↗	渠唔曾$_2$去? → （"唔曾"轻读）

与作否定词的"唔$_1$"相比，正反问句中的"唔$_2$"语音弱化，体现在音长较短，音调变轻，没有否定义。

二是句末添加语气词，形成"neg-VP-PRT?"，如龙川的老隆：

否定句	偏向问句	中性问句
渠唔去。	渠唔去啊? ↗	渠唔去啊? →
渠唔曾去。	渠唔曾去啊? ↗	渠唔曾/能去啊? →

总之，汉语方言中的"VP-neg-VP""VP-neg?"和"F-VP"三种常见的正反问句类型其实是同一功能范围内三种不同的语法形式，是否定词处于不同位置形成的。由于句法位置的改变、词义变化、语境等因素影响，否定词在正反问句中都有不同程度的语法化，逐渐形成不同的语法形式来表达中性询问。

第六章 余 论

一、结论

本书首先通过对龙川县城老隆话的五种常用疑问句的描写，总结老隆客家话疑问句系统与普通话疑问句系统的对应关系，发现老隆话特指问句的形式与功能基本与普通话一致，只是疑问代词存在较大差别；是非问句中没有类似普通话的典型的疑问程度较高的"吗"类问句，只有不以中性询问为目的的类似问候、寒暄之类的语调是非问句和表示求证性的是非问句。老隆话表示疑问的语气词不发达，常用的只有表示求证语气的"啊"和表示估测语气的"哇"。选择问标记除了"啡系"（还是）之外，还有一个"啊"，"X 啊 Y"型选择问句是客家话普遍使用的句式，它经常用于连接音节长度较短的前后选择项。老隆话的"F-VP"问句使用广泛，对应普通话正反问句"VP 不 VP？"和表中性询问的"VP 吗？"。此外，老隆话"neg-VP-（PRT）"问句也引起了我们的兴趣。接着我们对龙川县正反问句的类型进行了概括，总结龙川"F-VP"问句的形式特征和语法功能，比较龙川 24 个镇"F-VP"问句中发问词"F"的语音形式，认为龙川的"F-VP"问句应该是由"X 啊 Y"型选择问中的正反选择问句"VP 啊唔 VP"删除前面的"VP"而来的，其实质应该是"阿-neg-VP"问句。"F-VP"型正反问句对应普通话中的正反问句和表示中性询问的"VP 吗？"的功能，在整个疑问系统中占有重要地位。

其次，探讨正反问句三种类型"VP-neg""F-VP""VP-neg-VP"在客家话中的大概分布和特点，讨论了客家话中的"VP-PRT-neg-VP"正反选

择问句。认为客家话正反问句分布最广、使用最多的形式是"VP 无?"，然后是"VP 唔 VP"，但也存在"F-VP"问句的集中分布区，其中，以龙川为核心的粤赣交界地带属于"阿-neg-VP"区域，是纯粹的"F-VP"分布区；赣南地区"F-VP"问句的"F"语音类型多样，往往与其他类型混合使用。

最后，将客家话中有特色的"阿-(neg)-VP""neg-VP""VP_1 啊 VP_2"等句式置于汉语方言的大背景下进行专题分析，认为：①客家话的"VP 无/唔曾"正向是非问句过渡。②对汉语方言"F-VP"问句的分布区域进行梳理，比较各地发问词、时体表示方式和语用功能的异同，探讨各方言区的"F-VP"问句的关系。认为赣南客家话的"F-VP"问句应该是直接来源于苏皖地区（"F-VP"问句分布的核心地区）；从移民史来看，虽然有不少证据证明客家移民曾经在苏皖地区中转过，但我们发现梅州、兴宁等地的移民与龙川的一样，都有途经苏皖的相关记录，而大多数客家话使用的正反问句却是"VP-neg"形式，这可能跟龙川客家话的形成时间有关：龙川客家话属于"老客家"，移民来源和形成时间与"新客家"不同。③通过对龙川话"阿-neg-VP"与其他方言"F-VP"问句的比较，发现各地"F-VP"发问词的语音形式和语法意义都相似，句法结构和语法功能也相似，与选择问句之间也有千丝万缕的关系。我们认为龙川话中的"阿-neg-VP"和吴语中的"F-VP"问句在疑问句的生成机制上有相通之处，有可能都是经由选择问句删略而成的。④汉语方言正反问句句式与否定词关系密切，但句中的否定词均有虚化的倾向："VP-neg"是否定词后置型，否定词开始向语气词发展；"VP-neg-VP"是否定词中置型，有些地方中间的"neg"弱化或脱落，形成"VV（P）"型问句；"neg-VP"和"F-neg-VP"是否定词前置型，"neg"或语音轻化，或与语气词合音形成"F"，或脱落，否定义消失。

二、展望

施其生（1995）曾从组合功能和语义功能两方面入手对广州方言的虚成分（指构形的词缀及虚词）进行分类分析，认为广州方言除了有大量的副词形成前修饰的方式外，还有一个很显著的特点：有丰富的后置性虚成分——助词和修饰性形尾，形成一种后修饰的方式，如：

前修饰性虚成分	后修饰性虚成分	
副词	助词	形尾
时间、频率、重复	时间、重复	重复
范围	范围	范围
程度		程度
体貌	体貌	体貌
情状		
估量	估量	可能与必然
否定		
语气	语气	
		结果
疑问	疑问	

南方方言中两种早期的不同的表达疑问方式——"F-VP"和"VP-neg"正好也对应了上述两种不同类型的修饰性虚成分。"F-VP"中的"F"含有否定性的意义，放置于动词前，属于前修饰性虚成分；"VP-neg"中的"neg"是否定词，放置于动词后，属于后修饰性虚成分。[①] 参见前面已然体正反问句的不同类型，我们发现疑问句类型上的差异，很多都是源于这些修饰性虚成分是前置还是后置的区别。

---

① 这一观点来自中山大学施其生教授的提醒，谨此谢忱。

另外，在已然体正反问句中"已然"的表达也有前置和后置的差异，如云南新平话：

他格有来？——来了！/不有来。

你格有去过？——去过。/不去过。

张敏认为新平话"有来/不有来/来了"里的"有"和"了"是两个典型的异干互补的交替成分（suppletive alternant），结构语言学家碰到这种情况往往很自然地把它们归并为一个语素。王世元（1965）是把"有"和"了"看作同一个体标记（aspect marker）。客家话中"F-VP"分布区域在已然的表达上，有些是通过谓词前添加的方式来表达，在"F"的后面，谓词可加上"曾"，江淮官话则是在谓词后添加不同的语气词来表达。客家话内部"有冇 VP"和"VP 唔曾"的分布也值得我们再思考。

另外，游汝杰（1999）认为吴方言正反问句的地理分布境界线事实上与明清时代府、州边界线重合或部分重合。客家话"F-VP"的分布与古龙川县的管辖范围接近，而且几种汉语方言中"F-VP"的分布都是在河流的周围，这也让我们考虑结合古代历史来观察这种问句的发展与传播。

客、赣、通泰方言源于南朝通语说是语言学家鲁国尧（1994）提出的一个语言学假设。在肯定客语、赣语关系密切并且同源的基础上，鲁国尧接而指出前二者与江淮官话的通泰片也属同源。其理由是：三者都保留有入声，且阳入调比阴入调的调值要高（南昌例外）。古汉语的全浊声母，三者不论平仄一律读为送气清音。鲁国尧再联系史籍，认为客、赣、通泰方言都是公元 4 世纪中原移民南下，其语言进逼吴语、闽语的结果。顾黔（2001）也认为通泰、客、赣、晋西南方言同源。1949 年以前，客、赣方言"不论平仄，一律送气"的特点即被揭示。1960 年出版的《江苏省和上海市方言概况》①报道通泰地区"一律送气"。20 世纪 80 年代，发现山

---

① 江苏省和上海市方言调查指导组. 江苏省和上海市方言概况 [M]. 南京：江苏人民出版社，1960.

西省西南地区古"河东郡"属地"一律送气"。这四大成片区域"一律送气"及入声调值阴低阳高，反映了它们的同源关系。晋西南是客、赣、通泰先民居住地之一，此四种方言同为三、四世纪汉语北方方言的后裔。从前文所述汉语方言中"F-VP""neg-VP""VP-PRT-neg-VP"和"VP-PRT-neg"的分布和特点来看，我们也发现通泰、客、赣、晋西南方言之间正反问句的相似性，从语法方面发现了几种相距遥远的方言的内部联系。囿于精力和水平所限，未能做进一步的探讨，有待以后再讨论。

三、商榷

付欣晴（2022）在《客家话"K-neg-VP"正反问句的性质和形成机制》中，以八地的材料，对赣粤交界地带客家话的"K-neg-VP"（也就是本书所讨论的"F-neg-VP"）进行详细描写。该文调查深入，材料翔实，讨论了一些尚未解决的问题，如"阿/还"与否定词的关系，该句式的来源和形成机制等。付文的观点中，仍有一些值得商榷的地方。

"F-neg-VP"问句的一大特色是否定词前置，与"K"结合一起充当疑问标记，"F-neg"长期结合，产生合音、脱落等语音变化，所以各地"F-neg"的语音表现复杂，但句法和语义功能一致，这是目前研究者公认的。但对于该句式的形成，尚未有定论。笔者在本书和2016、2017年的论文中认为客家话的"F-neg-VP"是"K-VP"（或称为"F-VP"）的次类，是一种带否定词的新类型，源于"VP-阿/还-neg-VP"的左肯定项删除。而付欣晴（2022）不赞成此观点，认为"很多客家话中都只有一种正反问句式，如果按此说，也就是认为方言中先有选择问再有正反问，这显然与语言事实不相符"。她提出的新的观点是："F-neg-VP"来自中古问句"还VP不VP"的左肯定项删除。笔者认为仍需再讨论：

（一）关于"还VP不VP"句式的来源及定性的思考

付欣晴（2022：117）提到"还VP不VP"句式首见于《祖堂集》，此后渐多，其主要见于《祖堂集》等带有一定南方方言色彩的典籍中，在

181

同时期的敦煌变文中一例都没有发现。可《祖堂集》的作者是五代南唐泉州招庆寺的静筠二禅师，作者的方言背景应为闽语，而非客家话，而且成书后流传不久即告失传，诸大藏经亦未收录此书，直到近代该书才被日本学者发现并成为研究泉州佛教史的重要资料。该书成书于南唐，当时"VP不VP"已经是一个主要的正反问句形式，而"K-neg-VP"的主要分布区为粤赣交界处的客家方言区，当地日常使用频率最高的正反问句为何能跨域地域又跨越时间，从一本失传上千年的佛教资料《祖堂集》中传承而来呢？

关于"还VP不VP"中"还"的定性，付文列出两种观点，一是梅祖麟（1978）认为是选择问标记，二是江蓝生（2000）认为是表示推度疑问句的副词。如果认同梅祖麟的观点，笔者关于"F-neg-VP"来自选择问句的判断则确凿无疑。付文倾向于江蓝生的观点，可这也带来了另外一个问题：正反问句来源于推度疑问句，这似乎也不符合语言事实，付文不赞同张敏（1990）提出的"暗"是表示推度意义的"敢"声母脱落后加上否定词衍音而成，此处又提出"F-neg-VP"来自推度疑问句，前后有矛盾之处。

（二）关于"阿"和"还"的关系的思考

付欣晴（2022：116）提到各地"阿"和"还"的声调一致，说明"阿""还"可能存在一定的联系，"阿"有可能源于"还"的声母的失落。这一说法在广东新丰和翁源的客家话中似乎解释得通，二者声调确实一致，但声母不同，新丰的"还"有舌根声母，还有前鼻音韵尾，而"阿"是零声母，单元音韵母。如付文中的例子：

广东新丰：底本书在书店买啯还系［xan²⁴xei⁴⁴］/阿［a²⁴］在网上买啯？（这本书在书店买的还是在网上买的？）

广东翁源：你明朝日休息还系［xa⁴²xei³⁵］/阿［a²⁴］后日休息？（你明天还是后天休息？）

但江西龙南和全南的声调不一致，以江西龙南为例：

江西龙南：你骑单车去还系［xai³¹⁴ xɛi²²］/也算［ia⁴⁴ sɔin⁴⁴］/也［ia⁴⁴］/阿［a⁴⁴］走路去？（你骑车去还是走路去？）

由上可见，江西龙南"还"的声调为314，而"阿"和"也"的声调一致，均为44，我们同意"阿"［a⁴⁴］很有可能是"也"［ia⁴⁴］脱落韵头［i］的结果。而从"还"到"阿"，既要失落声母，又要失落韵尾，声调要从降升变为高平，跨度有点大，我们很难认为"阿"来源于"还"。

在近代汉语的选择问句连词中，"还"和"也"一直都是并存的，据祝敏彻（1995），近代汉语中"也"出现在选择问句的情况并不少见，但"也"出现在两个选项中间，而"还 VP 不 VP"句式中的"还"出现在前选项之前，两者的句法位置不同，反而是选择问句中的"还"和"也/阿"的句法位置相同，如果如付文所说"阿"源于"还"，反而更印证了笔者"F-neg-VP"来自选择问句的观点。

（三）关于"F-neg-VP"形成的语法手段的思考

笔者和付文的观点的相同之处在于，认为形成"F-neg-VP"句式所使用的语法手段是删除，而且都是删除位于句前的左肯定项，既然都是删除左肯定项，为什么不是由本方言固有的选择问句"VP-阿/还-neg-VP"删除，而是舍近求远，从《祖堂集》里一种出现频率并不高的句式中寻找来源呢？

付文中有龙南客家话的例子：

选择问句：你看阿［a⁴⁴］唔看？（你看还是不看？）

正反问句：你阿［a⁴⁴］唔看？（你看不看？）

由选择问句到正反问句，左肯定项省略，"阿唔"成为疑问标记，符合语言经济性原则，提问更便捷，这是最简单、最直接的演化方式。

客家话中目前虽然有"还 VP 不 VP"的说法，但"还"有"表示现象继续存在或动作继续进行，仍旧"的语义，而不是选择问标记，所以客家话的 F-neg-VP 不太可能来自本地的"还 VP 不 VP"句式，而来自历史上的这一句式，又缺乏直接有力的证据。

综上，笔者认为，粤赣交界地带客家话的"F-neg-VP"正反问句不太可能是源于五代时期的特殊句式"还 VP-neg-VP"左肯定项删除的结果，就是正反选择问句"VP-阿/还-neg-VP"左肯定项删除的结果。

附 录

一、发音人

1. 龙川县

发音人	性别	年龄	职业	所在地	学历
黄伟星	男	57	会计	四都镇黄竹村	高中
黄建珍	女	57	农民	四都镇黄竹村	高中
邹友忠	男	56	农民	紫市镇秀田村	初中
宋贤方	男	60	建筑工	麻布岗镇虎头村	初中
陈定平	男	17	学生	麻布岗镇小长沙村	初中
游桂红	女	45	职工	车田镇	初中
曾建瑜	女	23	教师	通衢镇	本科
柳燕静	女	23	学生	丰稔镇	本科
袁芳婵	女	37	职工	黎咀镇	本科
丘海芬	女	17	学生	黎咀镇东坑水村	高中
乐家源	男	17	学生	岩镇镇联城汶水村	高中
袁秀琼	女	37	职工	廻龙镇园田村	本科
巫妙萍	女	16	学生	赤光镇再乐村	高中
李骏	男	17	学生	贝岭镇盘陂村	高中
付柔柔	女	17	学生	细坳镇细坳街道	高中
王辉明	男	46	职工	老隆镇	高中
杨韩	女	37	职工	老隆镇	本科
邹丽娥	女	37	医生	附城镇	本科

（续上表）

发音人	性别	年龄	职业	所在地	学历
张国辉	男	50	职工	鹤市镇	初中
廖庆朗	男	76	教师	车田镇赤木村	本科
李惠娣	女	37	教师	贝岭镇	本科
邹艺	男	36	教师	龙母镇小庙村	本科
邹秀兰	女	57	村干部	龙母镇小庙村	初中
王越	男	27	职工	上坪镇热水村村委会	本科

2. 梅惠小片

发音人	性别	年龄	职业	所在地	学历
曾明	男	25	教师	广东省梅州市梅县区梅西镇	本科
姚新明	男	63	教师	广东省梅州市梅县区大坪镇	硕士
李红燕	女	20	学生	广东省兴宁市兴田街道	本科
练宁	女	21	学生	广东省兴宁市合水镇	本科
黄佛连	男	60	企业主	广东省惠州市陈江镇吉山村	初中
曾慧	女	25	公务员	广东省惠州市博罗县罗阳街道	本科
张海怡	女	22	学生	广东省惠州市博罗县长宁镇	本科
钱月园	女	21	学生	广东省惠州市博罗县福田镇	本科
朱鸾翠	女	28	职工	广东省惠州市汝湖镇荔枝田村	高中
黄家福	男	67	教师	广东省东莞市樟木头镇	初中
罗秋瑜	女	20	学生	广东省广州市增城区正果镇	本科

3. 龙华小片

发音人	性别	年龄	职业	所在地	学历
陈利城	男	20	学生	广东省梅州市丰顺县八乡山镇	本科
刘会珍	女	35	会计	广东省河源市紫金县九树镇	本科
黎水英	女	61	农民	广东省河源市紫金县义容镇塘面村	小学
叶小佳	男	62	个体户	广东省河源市和平县东水镇	初中

186

（续上表）

发音人	性别	年龄	职业	所在地	学历
徐文达	男	33	职工	广东省河源市和平县下车镇	高中
黄小啦	女	20	学生	广东省河源市和平县阳明镇	本科
谢诗婷	女	19	学生	广东省河源市和平县阳明镇	本科
何坚强	男	46	个体户	广东省河源市连平县大湖镇	高中
朱爱群	女	47	教师	广东省东源县顺天镇沙溪街	大专
陈娜	女	26	会计	广东省韶关市新丰县丰城大道	大专
温恋	女	20	学生	广东省韶关市新丰县马头镇	本科
蔡锦云	女	20	学生	广东省揭阳市揭西县河婆街道	本科

4. 海陆片

发音人	性别	年龄	职业	所在地	学历
彭东伊	女	25	教师	广东省陆河县水唇镇	本科
曾嵘	女	20	学生	广东省揭阳市榕城区	本科

5. 粤北片

发音人	性别	年龄	职业	所在地	学历
黄卫勤	女	23	学生	广东省韶关市翁源县	本科
王春梅	女	37	教师	广东省韶关市始兴县	本科
黄秋贵	男	60	农民	广东省清远市阳山县秤架瑶族乡太平洞村	小学
黄春发	男	45	农民	广东省清远市阳山县秤架瑶族乡茅坪村	初中
吴斐娉	女	24	职工	广东省韶关市乳源镇乳城镇	本科
利琳	女	20	学生	广东省韶关市南雄市雄州街道	本科

6. 粤西片

发音人	性别	年龄	职业	所在地	学历
黄威龙	男	22	学生	广东省信宜市茶山镇	本科
钟翠萍	女	35	教师	广东省廉江市长山镇	高中

7. 宁龙片

发音人	性别	年龄	职业	所在地	学历
潘珠峰	男	24	职工	江西省赣州市寻乌县长宁镇	本科
黄小平	男	41	教师	江西省赣州市宁都县田头镇	博士

8. 于信片

发音人	性别	年龄	职业	所在地	学历
欧阳健强	男	25	学生	江西省赣州市南康区大坪乡	本科
陈洁琼	女	24	学生	江西省赣州市赣县	硕士
黄丽	女	25	学生	江西省赣州市崇义县杰坝乡	硕士
廖声莲	女	24	学生	江西省赣州市南康区大坪乡	硕士
吕峰	男	25	学生	江西省赣州市大余县南安镇	硕士
刘日辉	男	40	教师	江西省赣州市信丰县坪石乡	硕士
张倩	女	27	学生	江西省赣州市信丰县铁石口镇	博士
蔡芳	女	24	学生	江西省赣州市安远县鹤子镇	硕士
陈利春	女	43	农民	江西省赣州市安远县太平村	中学

9. 铜桂片

发音人	性别	年龄	职业	所在地	学历
刘起滨	男	42	经理	江西省吉安市泰和县	硕士
赵为坤	男	36	设计师	江西省吉安市泰和县水槎乡	本科

10. 其他地方

发音人	性别	年龄	职业	所在地	学历
赵生树	男	61	农民	安徽省合肥市肥东县张集乡赵山村	小学

二、调查表

客家方言正反问句调查表（简易版）

发音人：_____　性别：_____　年龄：_____　职业：_____

所在地：_____省_____市_____（县/市）_____镇_____街

原籍：_____　出生地：_____

家里使用的语言：_____

其他听懂或会说的语言及方言：_____

母语有几种口音？（城里、城外、乡下）_____

你说的是哪种口音？_____

当地还说哪些语言？哪些方言？_____

189

1. 按照左列普通话的句子，用您的家乡话说出来（右边的只是一个示范，不用读）

普通话	（　　）客家话	范例
①我不认识他。		𠊎唔识得渠。
②他做的饭不好吃。		渠煮个饭唔好食。
③我家没有红糖。		
④我没有那本书。		𠊎冇该本书。
⑤好久没有下雨了！		好久萌落水噜！
⑥我没有去过他那。		𠊎萌去过渠该。
⑦没几个人来过我家。		冇几多人来过𠊎屋下。
⑧我没他那么白。		𠊎冇渠咁白。
⑨你别走那么远。		
⑩你别告诉他！		

2. 用您的家乡话说下面的句子，不用按字面翻译，尽量自然地按照平常的说法来表达，如果有两种或两种以上的说法，也请说出来（先说常用的，再说其他的）

（1）时体的考察，正反问与是非问是否采取同一形式。

⑪他明天去学校吗?（他去。/他不去。）	⑫他昨天去了你家吗?（他去了。/他没有去。）	⑬他去过你家吗?（去过。/没有去过。）	⑭他明天还要去学校吗?（要。/不用了。）
⑮你要吃苹果吗?（要。/不要。）	⑯你吃饭了吗?（吃了。/还没有。）	⑰你已经吃过饭了吗?（我吃过了。/还没有呢!）	⑱你还吃点水果吗?（吃。/不吃了。）
⑲你吃不吃鱼?（吃。/不吃）	⑳你吃了鱼没有?（吃了。/没有。）	㉑你吃过饭没有?（吃过了。/还没有。）	㉒你还吃不吃鱼了?（吃。/不吃了。）
㉓你买不买书?（买。/不买。）	㉔你买没买书?（买了。/没买。）	㉕你买过他的书吗?（买过。/没有买过。）	㉖你还买不买书了?（买。/不买了。）

（2）特殊动词和结构。

㉗你喜不喜欢唱歌？	㉘中午睡不睡觉啊？	㉙她漂亮不漂亮？
㉚你是不是广州人？（是。/不是。）	㉛他是不是已经回家了？	㉜你是不是把花瓶打碎了？
㉝你是不是被他打了？	㉞你是不是没有他那么高？	㉟你家有没有红糖？
㊱这种药你有没有？（有。/没有。）	㊲有没有洗澡？（洗了。/没有。）	㊳你吃不吃得下两碗饭？
㊴你看过这部电影没有？	㊵你看没看过这部电影？	㊶这件事对不对他说？
㊷你要不要这本书？	㊸你要不要再吃点？	㊹你究竟来不来？

（续上表）

㊺你能不能不抽烟？	㊻你来闻闻这朵花香不香？	㊼你们经不经常去他家打牌？

（3）选择问句（是否存在"X 啊 Y？"句式）。

㊽输还是赢？	㊾你吃米饭还是面条？	㊿今天是星期三呢还是星期五？

汉语方言疑问范畴调查表

发音人：＿＿＿＿＿ 性别：＿＿＿ 年龄：＿＿＿ 职业：＿＿＿＿＿

所在地：＿＿＿省＿＿＿市＿＿＿（县/市）＿＿＿镇＿＿＿街

原籍：＿＿＿＿＿＿＿＿＿ 出生地：＿＿＿＿＿＿＿＿＿

家里使用的语言：＿＿＿＿＿＿＿＿＿＿＿＿＿＿＿＿＿

其他听懂或会说的语言及方言：＿＿＿＿＿＿＿＿＿＿＿＿

母语有几种口音？（城里、城外、乡下）＿＿＿＿＿＿＿＿＿

你说的是哪种口音？＿＿＿＿＿＿＿＿＿＿＿＿＿＿＿＿

当地还说哪些语言？哪些方言？＿＿＿＿＿＿＿＿＿＿＿＿＿

（ ）与普通话疑问句式对照

普通话疑问类型	表现形式 普通话	例句 普通话	例句 （ ）话	表现形式 （ ）话	（ ）话疑问类型
是非问	证实性问： （1）VP↗ （2）VP＋语气词（吧/呀）	他去？ 你去过他家吧？			
	中性询问： VP＋（吗）	你去吗？ 你去过他家吗？			
正反问	V 不 V V 不 V 没 VP，V 不 V	你去不去？ 你去不？ 他去了没？ 你吃饭没有？ 你明天去，好不好？			
选择问	X-还是-Y	输还是赢？ 吃饭还是吃面？			

（续上表）

普通话疑问类型	表现形式		例句		例句	表现形式	（　）话
	普通话		普通话		（　）话	（　）话	疑问类型
特指问	疑问代词＋语气词（啊/嘛/呢）		谁去？				
			你吃什么？				
			你多高？				
	疑问代词（语调）		什么？				
	非疑问形式＋呢？		我的裤子呢？				

（摸底：①判断该方言疑问句属于"VP 不 VP"类型还是"阿 VP"类型。②如果是"VP 不 VP"类型，是"VO 不 V"形式还是"V 不 VO"形式？③有没有两种类型共存的现象？如果有，哪种的使用频率更高？）

否定义	龙川话的否定词	（　）否定词
表示单纯否定	唔	
表示对"有"的否定	冇 [mau³¹]	
表示事情没有发生，否定动作行为曾经发生过	萌 [men³¹]	
表示禁止义	孬 [mau²⁴]	

一、是非问句

（一）典型的是非问句

未然体	已然体	曾然体	继续体
他去吗？	他去了吗？	他去过吗？	他还去吗？
你吃饭吗？	你吃饭了吗？	你吃过饭了吗？	你还吃吗？
你买书吗？	你买书了吗？	你买过他的书吗？	你还买书吗？
你身体好吗？	你身体好了吗？	你认识那个人吗？	你还是很喜欢唱歌吗？

（续上表）

未然体	已然体	曾然体	继续体
你怕蛇吗？	饭煮好了吗？		你还想喝点水吗？

（备注：以上句子中，说话人都只是对事物的实际情况进行客观询问，并没有对答案的肯定或否定状况怀有一定的企望心理。）

（二）求证性是非问句

1. 一般求证问

普通话	方言	备注
①你是在上海做生意啊？		
②今天星期五呀？（大概知道今天是星期五，求证一下）		
③他姐姐嫁人了？		
④你今天早上去逛街啊？		
⑤你也在广州读书啊？（有人告知我这件事，向对方求证一下）		
⑥外面还在下雨啊？（说话人知道外面在下雨，想印证一下）		

（备注：只以求证为唯一目的，不带其他任何感情色彩。通常问话人对于结果有一定的猜测，问话只是想进一步证实。）

2. 责备性求证问

普通话	方言	备注
⑦你不认识我吗？（我前天刚见过你）		
⑧你不知道他去了北京吗？（他告诉过你他去了北京的）		

195

（续上表）

普通话	方言	备注
⑨这么多年了，你还没有买房吗？		
⑩他竟然敢不上课？		
⑪这么久了，你还没有将那本书还给他吗？		

（备注：问话人对疑问内容有某种程度的预判，只是主观上尚不能确定，故而发问求证，重在凸显问话人对事件惊讶、不满、责备的内在心理。）

3. 估测性求证问

普通话	方言	备注
⑫十二点半了，你吃了午饭了吧？		
⑬他不会这样做吧？		
⑭这次你怨不了谁了吧？		
⑮外面这么黑，恐怕要下雨了吧？		
⑯这么大的肚子，大概快生了吧？		
⑰你总不会骗我吧？		
⑱说好九点钟到的，快来了吧？		

（备注：以估测为语义重心，介乎疑、信之间，表示问话人对所说内容持一种不十分肯定的态度。普通话的测度句一般是在句中添加语气副词"大概""别是""恐怕"等，或是在句尾添加语气助词"吧"。）

观察是否有语调型是非问句，如果有，是平调、高升调还是低升调？

普通话	方言	备注
⑲你去?		
⑳你认识他?		
㉑你们明天走?		

二、正反问句

（一）正反问问时体的调查

未然体	已然体	曾然体	继续体
他去不去?	他去了没有?	他去过没有?	他还去不去了?
你吃不吃饭?	你吃饭没有?	你吃过饭没有?	你还吃不吃了?
你买不买书?	你买没买书? 你有没有买书?	你买过他的书吗?	你还买不买书了?

（二）一般动词的询问

1. 谓词性成分是光杆动词或形容词

①你喜不喜欢?	②你喜不喜欢唱歌?	③你有没有看见他?	④你有没有去看过他?
⑤饭熟不熟?	⑥水热不热?	⑦你会不会唱这首歌?	⑧借你的笔用下，好不好?

197

（续上表）

⑨水深不深？	⑩外面凉快不凉快？	⑪你身体好不好？	⑫这里热不热？
⑬中午睡不睡觉啊？	⑭她漂亮不漂亮？	⑮这件衣服褪不褪色？	⑯这朵花香不香？

2．谓词性成分带简单宾语

⑰你去不去广州？	⑱你去广州不去？	⑲给他钱不给？	⑳给不给他钱？
㉑你要不要这本书？	㉒你吃不吃饭？	㉓小明长得像不像他爸爸？	

3．谓词性成分的宾语较为复杂，或谓词性成分中含助动词，或动词为"是"

㉔你会不会画画？	㉕你认不认识他是谁？	㉖你知不知道这事该咋办？
㉗你要不要喝点水？	㉘你要不要去学校？	

4．谓词性成分为连动式或兼语式

㉙你们来不来我家吃饭？	㉚叫不叫你同学来我们家吃饭？

5. 谓词性成分中含有介词短语

㉛给不给他电话?	㉜这件事对不对他说?	㉝向不向他借钱?	㉞你的房间够不够大?

㉟是不是把自行车推到屋里?	㊱你在不在家吃饭?

6. 谓词性成分中含有非能性补语

㊲这些书要不要拿走?／这些书拿不拿走?	㊳你摔跤摔得疼不疼?

7. 谓词性成分中含有能性补语

㊴你拿得动拿不动?	㊵你吃得了两碗饭吃不了?

（三）针对领有、存在、完成、经历、进行、持续等情况询问

1. 询问领有情况

㊶你家有没有红糖?	㊷这种药你有没有?	㊸你家有没有电?	㊹你有没有房子?

2. 询问存在情况

㊺你妈在不在家?	㊻你妈在家没有?	㊼车在那儿没有?	㊽车在不在那儿?

3. 询问完成、经历情况

㊾过年的东西买好了没有？	㊿过年的东西买好没买好？	(51)有没有吃过这间饭店的菜？
(52)你看过这部电影没有？	(53)你看没看过这部电影？	(54)有没有洗澡？

4. 询问进行、持续情况

(55)他在不在那儿打麻将？	(56)他在那儿打麻将没有？	(57)他在没在那儿打麻将？
(58)锅里炒着菜没有？	(59)锅里炒没炒菜？	(60)外面是不是在下雨？

（四）否定

(61)a. 我们都去，他去不去？	b. 我们都去，他是不是不去？
(62)a. 他今天去不去上班？	b. 他今天是不是不上班？
(63)a. 你抽不抽烟？	b. 我也不知道你会不会抽烟。
(64)a. 雨这么大，能不能不走？	b. 你能不能不抽烟？
(65)a. 你们不经常到他家去打牌吧？	b. 你们经不经常去他家打牌？

（续上表）

⑥⑥a. 你来闻闻这朵花香不香？	b. 你再闻闻这朵花是不是不香？
⑥⑦a. 超市里热闹不热闹？	b. 超市里是不是不热闹？

三、选择问句

（一）两项选择

普通话	方言	备注
①输还是赢？		
②三个呢还是四个？		
③你是看书呢还是玩儿去？		
④你吃米饭还是面条？		
⑤先穿袜子呢还是先穿裤子？		
⑥是多呢，还是少？		
⑦今天是星期三还是星期五？		
⑧是鸡呢，还是鸭子？		
⑨你知道小花来呢，还是不来？		
⑩你那个时候是吃米饭呢，还是吃面？		
⑪你要哪件？长的还是短的？		
⑫你明天上班还是休息？		
⑬坐着吃好，还是站着吃好？		

（备注：①考察选择问标记是什么，即前后两个选项之间的连接词是什么，如"啊""还是"等。②前后两项之间是否有语音停顿？③语调是升还是降？④句末是否有语气词？两个选项中间是否有语气词？）

201

（二）多项选择

普通话	方言	备注
⑭（没有考上大学）你是打算复读一年还是去广州打工，还是学修电脑？		
⑮你毕业以后想去惠州、深圳还是广州？		
⑯哪个地方比较好？广州、惠州还是深圳？		
⑰你喝白酒，喝黄酒，还是喝茶？		
⑱谁将你弄哭了？你爸，你妈还是你的老师？		
⑲河源、韶关、汕头，哪个地方的风景最美？		
⑳你去还是他去，还是你们两个都去？		

202

四、特指问

（一）简表（摸底时使用）

疑问焦点	普通话	方言
陈述句	①他昨天搭车去广州买衣服。	
问人	②谁昨天搭车去广州买衣服？	
问时间	③他什么时候搭车去广州买衣服？	
问地点	④他昨天搭车去哪买衣服？	
问事物	⑤他昨天搭车去广州买什么？	
问方式	⑥他昨天怎么去广州买衣服的？	
问原因	⑦他为什么要去广州？	
问数量	⑧他去广州买了多少件衣服？	

（备注：以上句子，是否要带上语气词？如果一定要带，是哪个语气词？发音如何？如果可带可不带，有语气词与没有语气词有什么区别？）

（二）问人

句法功能	普通话	方言
作主语	⑨哪个是你爸爸，穿黑衣服那个？	
	⑩割稻子的时候谁有空跟你玩哪？	
	⑪什么人在那唱歌？	
	⑫什么人这么讨厌哪？	
作宾语	⑬他是谁？他是我哥。	
	⑭你找谁？	
	⑮你表姐到底想找什么样的人呢？	
作定语	⑯穿红衣服的女孩是谁的同学啊？	
	⑰这件事你是听谁说的呢？	

（备注：注意调查在表示抱怨、责备的语义时，是否会使用不同的代词。）

（三）问事物

句法功能	普通话	方言
作主语	⑱什么在那爬？	
	⑲什么掉地下了？	
作宾语	⑳你妈妈说什么了？	
	㉑奶奶想吃什么？	
作定语	㉒今晚你穿什么衣服？	
	㉓这间饭店有什么好吃的？	
	㉔医生给你开了什么药？	

(四) 问时间

句法功能	普通话	方言
作状语	㉕你舅舅什么时候去广州啊？	
	㉖舅妈多久回一次家啊？	
作定语	㉗这是什么时候的报纸？	
	㉘那个花瓶有多长历史啦？	
作补语	㉙你打算等他等到几时啊？	
	㉚你堂妹在广州住了多长时间了？	

(五) 问处所

句法功能	普通话	方言
作主语	㉛哪里有西瓜卖？	
	㉜什么地方产西瓜？	
作宾语	㉝你在哪里上班？	
	㉞国庆你想去哪里玩？	
	㉟这是什么地方？	
作定语	㊱广州哪里的衣服最便宜？	
	㊲哪里的风景最美？	

(六) 问目的、原因

句法功能	普通话	方言
作状语	㊳哥哥为什么哭啊？	
	㊴弟弟为什么不去读书啊？	
	㊵姐姐为什么不理他啊？	
	㊶妹妹为什么发那么大脾气啊？	
	㊷我们为了什么而读书？	

（七）问方式

句法功能	普通话	方言
作谓语	㊸外婆身体不错，外公怎么样？	
	㊹爷爷最近身体怎么样呢？	
作宾语	㊺奶奶现在觉得怎么样？	
	㊻叔叔要怎样做才好呢？	
作定语	㊼什么样的老师才算是好老师？	
作状语	㊽大伯怎么去中山呢？	
	㊾猪肉怎么切？	
作补语	㊿表哥的英语学得怎么样？	

（八）问数量

普通话	方言
(51)你表弟有多少本书？	
(52)这本书多少钱？	
(53)婶婶每天晚上做几口人的饭啊？	
(54)大伯娘家有几个孩子？	
(55)姑姑去广州几年了？	
(56)杯子里还有多少水？	
(57)姑父喝了几杯水？	
(58)你姨父家有几口人？	
(59)中国有多少人？	

（九）问程度

普通话	方言
(60)这条河有多深？	
(61)你有多了解你小舅舅？	
(62)你女儿长多高了啊？	
(63)你同学的房子有多大啊？	
(64)那个姑娘有多漂亮？	

（十）特指问的简略式

结构	普通话	方言
NP + 语气词（始发句）	⑥你爸呢？你爸哪去了？	
	⑥我那条黑色的裤子呢？	
	⑥我昨天买的书呢？	
NP + 语气词（后续句）	⑱我明天考完试，你呢？（问时间）	
	⑲他喜欢吃米粉，你呢？（问对象）	
	⑳他是大学生，你呢？（问身份）	
	㉑我觉得这样好，你呢？（问看法）	
	㉒我想去海边玩，你呢？（问打算）	
VP + 语气词	㉓（去广州不好，）去深圳呢？	
	㉔（这件红色的不好，）换一件呢？	
	㉕（坐车会晕，）走路去呢？	
暗含假设条件	㉖那些钱如果不见了呢？	
	㉗我明天去广州，你呢？	
	㉘车要是半路坏了，怎么办呢？	

五、反问句

①你什么不会做？

②老隆什么没有卖，哪用带那么多东西？

③卖菜、跑摩托什么不是人做的事？

④我前世做错了什么，这么受罪？

⑤这么多人在这，你怕什么？

⑥又不是你考试，你有什么好紧张的呢？

⑦有什么好哭的呢？

⑧你还去不去了？——你都这样说了，我还去干什么？

⑨又下雨了！什么天气啊？

⑩你开什么玩笑，这么小的孩子让他自己一个人出去玩？

⑪我们吵架关你什么事？要你管？

⑫你说买房就买房，哪有那么容易呢？

⑬哪敢让他带孩子？他自己照顾好自己就不错了。

⑭他去哪里了？——我怎么知道？

⑮谁说他胆小？他一个人都敢去老虎崖！

⑯你这么凶，谁敢打你？

⑰我怕过谁？

⑱有谁敢得罪你啊？

⑲真是好笑，你这样做对谁有好处？

⑳我这辈子受过谁的气？

㉑我一直都是靠自己，吃过谁的？穿过谁的？

㉒明天不就是中考而已，何必那么紧张呢？

㉓你说再多他也不听的，何苦再说他呢？

㉔这么久的事情你又何必说呢？

㉕他让我做的事情，我怎么敢不做？

㉖将他的车票藏起来，他能走得了吗？

㉗你是我爸还是我妈，这样管我？

㉘我哪儿得罪你了？没给你吃？没有给你穿？还是打你了？

㉙你现在有事也不要走，你说他的事大还是我们的事大？

㉚他在我家住得不肯走，你说他喜欢我还是喜欢你？

㉛是我写还是你写？老是在那吵着我？

㉜当着那么多人的面被他骂，你说我有没有脸见人？

㉝好端端就打人，你这样做得对吗？

参考文献

［1］毕丽华. 山东淄博王村镇方言疑问句研究［D］. 西安：西北大学，2008.

［2］闭思明. 广西横县平话的反复问句［J］. 广西师院学报（哲学社会科学版），2002（2）.

［3］曹广顺. 从中古译经选择问句中连词的使用谈起［J］. 历史语言学研究，2010（3）.

［4］陈昌来. 从"有疑而问"到"无疑而问"：疑问句语法手段浅探［J］. 烟台师范学院学报（哲学社会科学版），1993（1）.

［5］陈芙. 汉语方言否定范畴比较研究［D］. 武汉：华中师范大学，2013.

［6］陈建锋. 万安方言中的"阿"字疑问句［J］. 宜春学院学报，2014（2）.

［7］陈静娴. 粤北新丰县客家方言的疑问句［J］. 未刊稿.

［8］陈曼君. 闽台闽南方言的反复问句［J］. 方言，2011（2）.

［9］陈妹金. 汉语与一些汉藏系语言疑问句疑问手段的类型共性［J］. 语言研究，1993（1）.

［10］陈荣华. 论客家方言的反复问句式"VV（O）"与客家民系的形成地［J/OL］. http：//www. jxteacher. com/dsq/column42594/654e02d0-6fb9-4452-9496-b56dc3b860ea. html.

［11］陈淑环. 惠州方言助词研究［D］. 广州：中山大学，2006.

［12］陈小荷. 丰城赣方言语法研究［M］. 北京：世界图书出版公司，2012.

［13］陈延河. 大岗"标话"的 a^{42} + VP 型疑问句［J］. 民族语文，1990（4）.

［14］陈泽平.19 世纪以来的福州方言［M］. 福州：福建人民出版社，2010.

［15］陈泽平. 北京话和福州话疑问语气词的对比分析［J］. 中国语文，2004（5）.

［16］陈泽平. 福州话的否定词与反复疑问句［J］. 方言，1998（1）.

［17］陈泽平. 福州土白"叭"问句的来龙去脉［J］. 方言，2005（4）.

［18］程凯. 汉语是非疑问句的生成解释［J］. 现代外语，2001（4）.

［19］戴庆厦，傅爱兰. 藏缅语的是非疑问句［J］. 中国语文，2000（5）.

［20］戴庆厦，朱艳华. 藏缅语、汉语选择疑问句比较研究［J］. 语言研究，2010a（4）.

［21］戴庆厦，朱艳华. 藏缅语选择疑问范畴句法结构的演变链［J］. 汉语学报，2010b（2）.

［22］戴昭铭. 弱化、促化、虚化和语法化：吴方言中的一种重要的演变现象［J］. 汉语学报，2004（2）.

［23］戴昭铭. 天台话的几种语法现象［J］. 方言，1994（4）.

［24］邓丽君. 龙川县客家话的［K-VP］问句：兼论粤赣地区该句型的分布与历史来源［D］. 北京：北京师范大学，2006.

［25］邓瑶. 昆明方言"格 VP"句式的话语功能探析［J］. 西南学刊，2012（2）.

［26］丁崇明. 昆明方言语法研究［D］. 济南：山东大学，2005.

［27］丁崇明，荣晶. 云南方言"K-VP"问句来源及其相关问题探讨

[J]. 云南民族大学学报（哲学社会科学版），2009（6）.

[28] 丁力. 现代汉语列项选择问研究 [M]. 武汉：华中师范大学出版社，1998.

[29] 丁治民. 东台话的疑问副词"个" [J]. 语文研究，2003（3）.

[30] 定南县志编纂委员会. 定南县志 [M] //江西省地方志丛书，1990.

[31] 东芳. 类型学视野下的正反问句研究 [D]. 上海：上海师范大学，2011.

[32] 董宪臣. 汉语是非问句相关研究述评 [J]. 重庆工商大学学报（社会科学版），2011（3）.

[33] 杜永道. 华县话反复问句的几种特殊形式 [J]. 中国语文，1990（3）.

[34] 范继淹. 是非问句的句法形式 [J]. 中国语文，1982（6）.

[35] 范艳. 习水方言疑问句研究 [D]. 长沙：湖南大学，2010.

[36] 方小燕. 广州话里的疑问语气词 [J]. 方言，1996（1）.

[37] 封开县地方志编纂委员会. 封开县志 [M]. 广州：广东人民出版社，1998.

[38] 冯春田. 秦墓竹简选择问句分析 [J]. 语文研究，1987（1）.

[39] 冯胜利. 汉语韵律语法研究 [M]. 北京：北京大学出版社，2005.

[40] 傅惠钧. 关于疑问句的性质与范围 [J]. 浙江师范大学学报（社会科学版），2008（5）.

[41] 傅惠钧. 关于正反问历史发展的几个问题 [J]. 古汉语研究，2006（1）.

[42] 傅惠钧. 略论近代汉语 V-neg-VP 正反问 [J]. 语言教学与研究，2010（5）.

[43] 傅惠钧. 明清汉语正反问的分布及其发展 [J]. 古汉语研究，

2004 （2）.

[44] 傅惠钧. 真性问与假性问：明清汉语选择问句的功能考察 [J]. 语言教学与研究，2001 （3）.

[45] 傅惠钧. 《儿女英雄传》选择问句研究 [J]. 北京大学学报，2000 （S1）.

[46] 付欣晴. 客家话的 "K-neg-VP" 正反问句的性质和形成机制 [J]. 汉语学报，2022 （2）.

[47] 甘于恩. 闽方言疑问句比较研究 [J]. 暨南学报 （哲学社会科学版），2007 （3）.

[48] 甘于恩. 广东四邑方言语法研究 [M]. 广州：暨南大学出版社，2010.

[49] 顾黔通. 泰方言音韵研究 [M]. 南京：南京大学出版社，2001.

[50] 关彦琦. 张北话疑问句研究 [D]. 石家庄：河北师范大学，2008.

[51] 郭校珍. 山西晋语反复问句的中置成分 [J]. 语言研究集刊，2006 （00）.

[52] 高然. 广东丰顺客方言语法特点述略 [J]. 暨南学报 （哲学社会科学版），1999 （1）.

[53] 高天霞. 论甘州方言的疑问句 [J]. 河西学院学报，2009 （3）.

[54] 贡贵训. 安徽怀远方言的反复问句 [J]. 辽东学院学报 （社会科学版），2013，15 （4）.

[55] 郭攀. 湖北浠水方言中的叠合式正反问 [J]. 中国语文，2003 （3）.

[56] 郭锐. "吗" 问句的确信度和回答方式 [J]. 世界汉语教学，2000 （2）.

[57] 郭继懋. 反问句的语义语用特点 [J]. 中国语文，1997 （2）.

[58] 郭利霞. 晋语五台片的重叠式反复问句 [J]. 中国语文，

2010a（1）.

[59] 郭利霞. 山西方言的特指问句 [J]. 南开语言学刊，2010b（2）.

[60] 郭利霞. 山西方言的语调问句 [J]. 语言研究，2014（2）.

[61] 郭校珍. 山西晋语的疑问系统及其反复问句 [J]. 语文研究，2005（2）.

[62] 何艳丽，魏晓飞. 云南方言"F＋VP"疑问句式的渊源探讨 [J]. 现代语文，2014（9）.

[63] 何艳丽. 汉语方言"F＋VP"疑问句式的研究 [D]. 重庆：西南大学，2010.

[64] 贺巍. 汉语方言语法研究的几个问题 [J]. 方言，1992（3）.

[65] 贺巍. 获嘉方言的疑问句：兼论反复问句两种句型的关系 [J]. 中国语文，1991（5）.

[66] 侯兴泉. 广东封开南丰话的三种正反问句 [J]. 方言，2005（2）.

[67] 侯兴泉. 广东封开南丰话的三种正反问句 [M]//刘新中. 广东汉语方言研究的理论与实践. 广州：世界图书出版公司，2012.

[68] 侯小英. 东江中上游本地话研究 [D]. 厦门：厦门大学，2008a.

[69] 侯小英. 广东龙川县佗城客家方言音系 [J]. 方言，2008b（2）.

[70] 侯小英. 龙川方言的南北比较研究 [D]. 厦门：厦门大学，2005.

[71] 胡德明. 现代汉语反问句研究 [M]. 合肥：安徽人民出版社，2010.

[72] 胡方. 普通话疑问词韵律的语音学分析 [J]. 中国语文，2005（3）.

[73] 胡利华. 安徽蒙城方言的"可"字句 [J]. 方言，2008（3）.

[74] 胡盛仑. "把"字句的正反问句式 [J]. 汉语学习，1988（3）.

[75] 胡晓东. 白午苗话的反复问句 [J]. 民族语文，2008（2）.

212

［76］黄伯荣.《水浒传》疑问句的特点［J］. 兰州大学学报，1958（2）.

［77］黄伯荣. 陈述句、疑问句、祈使句、感叹句［M］. 上海：新知识出版社，1957.

［78］黄伯荣. 汉语方言语法类编［M］. 青岛：青岛出版社，1998.

［79］黄伯荣，孙林东，陈汝立，等. 汉语方言语法调查手册［M］. 广州：广东人民出版社，2001.

［80］黄国营.“吗”字句用法初探［J］. 语言研究，1986（2）.

［81］黄娜. 南北朝译经疑问句研究［D］. 长春：吉林大学，2013.

［82］黄年丰. 龙川客家话的“F-（neg）-VP”型正反问句［J］. 赣南师范大学学报，2017，38（4）.

［83］黄淑芬. 漳州方言连词“抑”的功能及其发展［J］. 乐山师范学院学报，2010（10）.

［84］黄婷婷. 丰顺（三汤）客家方言助词研究［D］. 广州：中山大学，2009.

［85］黄小平，王利民. 宁都客家话疑问语气系统略述［J］. 赣南师范学院学报，2013（5）.

［86］黄正德. 汉语正反问句的模组语法［J］. 中国语文，1988（4）.

［87］江西省吉安市吉州区地方志编纂委员会. 吉安市志［M］. 南昌：江西人民出版社，2001.

［88］江西省赣州地区地方志编纂委员会. 赣州地区志［M］. 北京：新华出版社，1994.

［89］江西省赣州市地方志编纂委员会. 赣州市志［M］. 北京：中国文史出版社，1999.

［90］江蓝生. 疑问副词“可”探源［J］. 古汉语研究，1990（3）.

［91］江蓝生. 疑问副词“颇、可、还”［M］//近代汉语探源. 北京：商务印书馆，2000.

［92］江蓝生. 疑问语气词"呢"的来源［J］. 语文研究，1986（2）.

［93］江蓝生. 语法化程度的语音表现［M］//石锋，潘悟云. 中国语言学的新拓展：庆祝王士元教授六十五岁华诞. 香港：香港城市大学出版社，1999.

［94］姜红. 安徽霍邱话中的"克——NP"问句［J］. 阜阳师范学院学报（社会科学版），2006（2）.

［95］蒋协众. 湘语邵阳话中的重叠式反复问句及其类型学意义［J］. 中国语文，2013（3）.

［96］竟成. 汉语和藏缅语的一种是非问句［J］. 民族语文，1988（2）.

［97］静筠二禅师. 祖堂集［M］. 上海：上海古籍出版社，2011.

［98］阚绪良.《五灯会元》里的"是"字选择问句［J］. 语言研究，1995（2）.

［99］柯移顺.《歧路灯》选择问句研究［J］. 长江学术，2013（2）.

［100］邝霞. "有没有"反复问句的定量研究：对经典作家白话文作品的定量研究［J］. 汉语学习，2000（3）.

［101］兰玉英，等. 泰兴客家方言研究［M］. 北京：文化艺术出版社，2007.

［102］李大勤. "WP呢?"问句疑问功能的成因试析［J］. 语言教学与研究，2001（6）.

［103］李慧敏. 合肥话的"K-VP?"疑问句［J］. 滁州学院学报，2008（1）.

［104］李会荣. 娄烦方言疑问句研究［D］. 武汉：华中师范大学，2005.

［105］李科凤. 重庆方言疑问句与普通话的差异［J］. 重庆工商大学学报（社会科学版），2005（3）.

［106］李如龙，张双庆. 客赣方言调查报告［M］. 厦门：厦门大学

出版社，1992.

［107］李少丹. 漳州话与普通话疑问句的异同［J］. 漳州师范学院学报（哲学社会科J学版），2001（2）.

［108］李荣等. 中国语言地图集［M］. 香港：香港朗文（远东）有限公司出版，1987.

［109］李书超. 汉语反复问句的历时研究［D］. 武汉：武汉大学，2013.

［110］李思明. 正反选择问句中否定词发展初探［J］. 安庆师范学院学报（社会科学版），1984（1）.

［111］李铁根. 正反问形式反问句的语义区分［J］. 汉语学习，1985（3）.

［112］李文浩. 江苏淮阴方言的重叠式反复问句［J］. 中国语文，2009（2）.

［113］李小凡. 也谈反复问句［M］//胡盛仑. 语言学和汉语教学. 北京：北京语言学院出版社，1990.

［114］李小华. 客家方言的反复问句及其句末语气助词［J］. 龙岩学院学报，2014（3）.

［115］李孝娴. 固始方言"可VP"问句考察［J］. 信阳师范学院学报（哲学社会科学版），2006（6）.

［116］李宇明. 疑问标记的复用及标记功能的衰变［J］. 中国语文，1997（2）.

［117］李子玲，柯彼德. 新加坡潮州方言中的三种正反问句［J］. 语言研究，1996（2）.

［118］练春招. 客家方言词汇比较研究［D］. 广州：暨南大学，1998.

［119］练春招，侯小英，刘立恒. 客家古邑方言［M］. 广州：华南理工大学出版社，2010.

215

［120］梁玉璋. 福州方言的选择问句［J］. 闽江学院学报，2004（6）.

［121］林华勇. 广东廉江方言助词研究［D］. 广州：中山大学，2005.

［122］林天送，范莹. 闽南话的语气助词"呢"［J］. 汉语学报，2011（1）.

［123］林文金. 莆仙方言的选择问句［M］//福建省炎黄文化研究会，中共莆田市委宣传部. 莆仙文化研究. 福州：海峡文艺出版社，2003.

［124］林新年.《祖堂集》"还（有）……也无"与闽南方言"有无"疑问句式［J］. 福建师范大学学报（哲学社会科学版），2006（2）.

［125］刘丹青. 焦点（强调成分）的调查研究框架［J］. 东方语言学，2006（0）.

［126］刘丹青. 苏州方言的发问词与"可VP"句式［J］. 中国语文，1991（1）.

［127］刘丹青. 语法调查研究手册［M］. 上海：上海教育出版社，2008.

［128］刘道英. "A不AB"谓语句与正反问句的比较研究［J］. 青海民族学院学报（社会科学版），2001（1）.

［129］刘坚，曹广顺，吴福祥. 论诱发汉语词汇语法化的若干因素［J］. 中国语文，1995（3）.

［130］刘镜芙.《金瓶梅词话》中的选择问句［J］. 中国语文，1994（6）.

［131］刘开骅. 唐以前的VP-neg-VP式反复问句［J］. 古汉语研究，2008a（2）.

［132］刘开骅. 中古汉语VP neg式疑问句句末否定词的虚化问题［J］. 南京师范大学文学院学报，2006（4）.

［133］刘开骅. 中古汉语疑问句研究［M］. 哈尔滨：黑龙江人民出

版社，2008b.

［134］刘开骅. 表询问意义的语气副词"岂"、"宁"及其来源［J］. 广西社会科学，2005（10）.

［135］刘立恒，练春招. 河源水源音的体貌系统［M］//甘于恩. 南方语言学：第二辑. 广州：暨南大学出版社，2010.

［136］刘立恒. 广东龙川佗城话中的后置时间副词［J］. 语文学刊，2010（11）.

［137］刘纶鑫. 江西客家方言概况［M］. 南昌：江西人民出版社，2001.

［138］刘纶鑫. 客赣方言比较研究［M］. 北京：中国社会科学出版社，1999.

［139］刘叔新. 东江中上游土语群研究：粤语惠河系探考［M］. 北京：中国社会出版社，2007.

［140］刘祥柏. 六安丁集话的反复问形式［J］. 方言，1997（1）.

［141］刘秀雪. 泉州腔闽南语的中性问句［J］. Language and Linguistics，2013（2）.

［142］刘勋宁. 现代汉语研究［M］. 北京：北京语言文化大学出版社，1998.

［143］刘义青. "X＋不"问句说略［J］. 保定学院学报，2011（2）.

［144］刘瑛. 正反问句中谓词的类及其形容词性倾向［J］. 洛阳师范学院学报，2005（1）.

［145］刘月华，潘文娱，故韡. 实用现代汉语语法［M］. 2版. 北京：商务印书馆，2001.

［146］刘月华. 语调是非问句［J］. 语言教学与研究，1988（2）.

［147］刘镇发. 客家人的分布与客语的分类［C］//李如龙，周日健. 客家方言研究：第二届客方言研讨会论文集. 广州：暨南大学出版社，1998.

［148］刘志生. 《西游记》中的选择疑问句［J］. 湖南社会科学，2002（3）.

［149］刘子瑜. 汉语反复问句的历史发展［M］//郭锡良. 古汉语语法论集. 北京：语文出版社，1998.

［150］刘子瑜. 敦煌变文中的选择疑问句式［J］. 古汉语研究，1994（4）.

［151］刘子瑜. 汉语选择问句历史发展研究述评［J］. 汉语史学报，2005（00）.

［152］柳士镇. 萧统《令旨解二谛义》中的选择问句［J］. 古汉语研究，2002（4）.

［153］龙川县地方志编纂委员会. 龙川县志［M］. 广州：广东人民出版社，1994.

［154］龙景科. 侗语疑问句探略［J］. 凯里学院学报，2007（5）.

［155］卢红艳. 天门方言疑问句研究［D］. 武汉：华中师范大学，2009.

［156］卢开磉. 昆明方言中的疑问句［J］. 昆明师专学报（哲学社会科学版），1993（1）.

［157］卢开磉. 云南汉语方言语法述略［J］. 曲靖师专学报，1992（2）.

［158］卢小群. 湘语语法研究［M］. 北京：中央民族大学出版社出版，2007.

［159］鲁国尧. 鲁国尧自选集［M］. 郑州：大象出版社，1994.

［160］陆俭明，沈阳. 汉语和汉语研究十五讲［M］. 北京：北京大学出版社，2003.

［161］陆俭明. 由"非疑问形式＋呢"造成的疑问句［J］. 中国语文，1982（6）.

［162］陆俭明. 关于现代汉语里的疑问语气词［J］. 中国语文，

1984 (5).

[163] 罗常培，群一. 云南之语言 [J]. 玉溪师专学报，1986 (4).

[164] 罗福腾. 牟平方言的比较句和反复问句 [J]. 方言，1981 (4).

[165] 罗福腾.《醒世姻缘传》的反复问句 [J]. 语文研究，1996a (1).

[166] 罗福腾. 山东方言里的反复问句 [J]. 方言，1996b (3).

[167] 罗杰瑞. 汉语概说（张惠英译） [M]. 北京：语文出版社，1995.

[168] 罗昕如，彭红亮. 广西湘语的重叠式反复问句 [J]. 汉语学报，2012 (4).

[169] 罗肇锦. 客语语法 [M]. 台北：台湾学生书局，1988.

[170] 吕叔湘. 疑问·否定·肯定 [J]. 中国语文，1985 (4).

[171] 吕叔湘. 中国文法要略 [M]. 北京：商务印书馆，1942.

[172] 马庆株. 自主动词和非自主动词 [J]. 中国语言学报，1988 (3).

[173] 马赟.《海上花列传》中"阿"的用法探讨 [J]. 淮北煤炭师范学院学报（哲学社会科学版），2006 (4).

[174] 马志红. 龙口方言的疑问句研究 [D]. 济南：山东师范大学，2007.

[175] 麦耘. 广州话疑问语气系统概说 [C]. 庆祝《方言》创刊 20 周年学术讨论会论文，1998.

[176] 梅祖麟. 现代汉语选择问句法的来源 [J]. "国立中央"研究院历史语言研究所集刊，1978，49 (1).

[177] 欧阳国亮. 桂阳方言的重叠式反复问句 [J]. 理论语言学研究，2009 (12).

[178] 欧阳国亮. 论重叠式反复问句在汉语方言中的分布 [J]. 西安外事学院学报（语言学研究），2011 (6).

[179] 潘登俊. 淮阴方言中的"没没 VP"[J]. 中国语文，

2011 (5).

[180] 潘悟云. 汉语否定词考源: 兼论虚词考本字的基本方法 [J]. 中国语文, 2002 (4).

[181] 彭家法. 反复问句中的附加语 [J]. 语言教学与研究, 2007 (3).

[182] 彭小川, 张秀琴. 粤语阳江话是非问句句末的"麼""呢"连用 [J]. 中国语文, 2008 (1).

[183] 彭小川. 关于是非问句的几点思考 [J]. 语言教学与研究, 2006a (6).

[184] 彭小川. 广州话是非问句研究 [J]. 暨南学报 (哲学社会科学版), 2006b (4).

[185] 彭兰玉. 衡阳方言语法研究 [M]. 北京: 中国社会科学出版社, 2005.

[186] 戚晓杰. 威海方言的正反问句式 [J]. 烟台师范学院学报 (哲学社会科学版), 1990 (2).

[187] 钱乃荣. 上海语言发展史 [M]. 上海: 上海人民出版社, 2003.

[188] 桥本万太郎. 语言地理类型学 [M]. 余志鸿, 译. 北京: 北京大学出版社, 1985.

[189] 裘锡圭. 关于殷墟卜辞的命辞是否问句的考察 [J]. 中国语文, 1988 (1).

[190] 阮杰. 铜陵方言反复问句的句末语气词 [J]. 语文学刊, 2010 (20).

[191] 瑞金县志编纂委员会. 瑞金县志 [M]. 北京: 中央文献出版社, 1993.

[192] 邵敬敏. X 不 X 附加问研究 [J]. 徐州师范学院学报 (哲学社会科学版), 1990a (4).

[193] 邵敬敏. 汉语语法学史稿 [M]. 上海: 上海教育出版

社，1990b.

[194] 邵敬敏. 间接问句及其相关句类比较 [J]. 华东师范大学学报（哲学社会科学版），1994a（5）.

[195] 邵敬敏. 是非问内部类型的比较以及"疑惑"的细化 [J]. 世界汉语教学，2012（3）.

[196] 邵敬敏. 现代汉语选择问研究 [J]. 语言教学与研究，1994b（2）.

[197] 邵敬敏. 现代汉语疑问句研究 [M]. 上海：华东师范大学出版社，1996.

[198] 邵敬敏，周娟，彭小川，等. 汉语方言疑问范畴比较研究 [M]. 广州：暨南大学出版社，2010.

[199] 邵敬敏，王鹏翔. 陕北方言的正反是非问句：一个类型学的过渡格式研究 [J]. 方言，2003（1）.

[200] 邵敬敏，周娟. 汉语方言正反问的类型学比较 [J]. 暨南学报（哲学社会科学版），2007（2）.

[201] 邵敬敏，朱彦. "是不是VP"问句的肯定性倾向及其类型学意义 [J]. 世界汉语教学，2002（3）.

[202] 盛银花. 湖北安陆方言的否定词和否定式 [J]. 方言，2007（2）.

[203] 盛银花. 湖北安陆方言的两种正反问句 [J]. 方言，2011（2）.

[204] 盛银花. 安陆方言的特殊正反问格式"有不有" [J]. 孝感学院学报，2007a（1）.

[205] 施其生. 汕头方言的反复问句 [J]. 中国语文，1990（3）.

[206] 施其生. 论"有"字句 [J]. 语言研究，1996（1）.

[207] 施其生. 论广州方言虚成分的分类 [J]. 语言研究，1995（1）.

[208] 施其生. 闽南方言中性问句的类型及其变化 [C] //丁邦新，

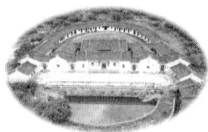

余蔼芹. 语言变化与汉语方言：李方桂先生纪念论文集. 台北：台湾"中央研究院"语言学研究所，2000.

［209］施其生. 台中方言的中性问句［J］. 语文研究，2008（3）.

［210］施其生.《汕头话读本》所见潮州方言中性问句［J］. 方言，2009（2）.

［211］石佩璇. 早期客家话文献《客话读本》的反复问句及其历时演变［J］. 方言，2018（3）.

［212］石毓智，徐杰. 汉语史上疑问形式的类型学转变及其机制：焦点标记"是"的产生及其影响［J］. 中国语文，2001（5）.

［213］史冠新. 语气词"吧"［J］. 中国语文，1989（1）.

［214］史素芬. 山西武乡方言的疑问句［J］. 语文研究，2000（3）.

［215］寿永明. 绍兴方言的反复问句［J］. 绍兴文理学院学报（哲学社会科学版），1999（3）.

［216］宋金兰. 反复问句 A 不 A 的特点及演变［J］. 青海师范大学学报（社会科学版），1993（1）.

［217］宋金兰. 汉藏语选择问句的历史演变及类型分布［J］. 民族语文，1996（1）.

［218］孙秋香. 南通话"果 X"问句探索［D］. 锦州：渤海大学，2014.

［219］谭其骧. 晋永嘉丧乱后之民族迁徙［J］. 燕京学报，1934（15）.

［220］汤洪丽. 汉语正反问句的历时演变考察［D］. 苏州：苏州大学，2008.

［221］汤廷池. 语言学与语文教学［M］. 台北：台湾学生书局，1981.

［222］唐盛发. 扶绥县客家话的语气词［J］. 广西民族学院学报（哲学社会科学版），1997（4）.

［223］贺州市地方志编纂委员会. 贺州市志［M］. 南宁：广西人民

出版社，2001.

[224] 汪国胜. 湖北大冶方言两种特殊的问句 [J]. 方言，2011（1）.

[225] 汪如东. 海安方言的"可VP"句式 [J]. 淮海工学院学报，1994（1）.

[226] 汪平. 苏州方言的"仔、哉、勒"[J]. 语言研究，1984（2）.

[227] 王海棻，邹晓丽. 古汉语反复问句源流探查 [J]. 烟台师范学院学报（哲学社会科学版），1991（4）.

[228] 王娟. 汉语正反问句的生成机制 [J]. 兰州学刊，2010（7）.

[229] 王娟. 疑问语气范畴与汉语疑问句的生成机制 [D]. 武汉：华中师范大学，2011.

[230] 王力. 古代汉语 [M]. 北京：中华书局，1962.

[231] 王力. 汉语史稿 [M]. 北京：中华书局，1980.

[232] 王力. 中国现代语法 [M]. 北京：商务印书馆，1985.

[233] 王琳. 清中叶琉球官话的反复问句研究 [J]. 汉语学报，2010（3）.

[234] 王咪咪. 陕西高陵方言的疑问句 [J]. 安康学院学报，2008（5）.

[235] 王鹏翔. 陕北方言的疑问句 [J]. 延安大学学报（社会科学版），2002（3）.

[236] 王琴. "X不X"正反问句生成、演化与语用认知研究 [D]. 上海：上海师范大学，2013.

[237] 王琴. 安徽阜阳方言的"可VP"反复问句 [J]. 方言，2008a（2）.

[238] 王琴. 阜阳方言"可VP"问句句法特点 [J]. 阜阳师范学院学报（社会科学版），2008b（3）.

[239] 王琴. 阜阳方言"可VP"疑问句研究 [D]. 上海：上海师范大学，2008c.

［240］王琴. 皖北阜阳方言"可VP"问句语义特征［J］. 阜阳师范学院学报（社会科学版），2013（1）.

［241］王世华. 扬州话里两种反复问句共存［J］. 中国语文，1985（6）.

［242］王素平. 山东方言［VP-neg］式反复问句的类型学意义［J］. 菏泽学院学报，2007（1）.

［243］魏培泉. 从否定词到疑问助词［J］. 中国语言学集刊，2007（2）.

［244］温昌衍. 客家话否定词"唔"小考：从香港新界客家话说起［J］. 嘉应学院学报（哲学社会科学），2003（2）.

［245］温昌衍. 客家方言［M］. 广州：华南理工大学出版社，2006.

［246］温昌衍. 龙川话属于客方言补证［J］. 暨南学报（哲学社会科学版），2011（5）.

［247］邬明燕. 龙川方言的代词系统［D］. 广州：华南师范大学，2007.

［248］邬明燕. 龙川话的反复问句［C］//李如龙，邓晓华. 客家方言研究. 福州：福建人民出版社，2009.

［249］吴碧珊，黄年丰，甘于恩. 广东翁源客家话正反问句研究［J］. 华中学术，2016，8（4）.

［250］吴福祥. 从"VP-neg"式反复问句的分化谈语气词"麼"的产生［J］. 中国语文，1997（1）.

［251］吴福祥. 敦煌变文语法研究［M］. 长沙：岳麓书社，1996.

［252］吴福祥. 南方语言正反问句的来源［J］. 民族语文，2008（1）.

［253］吴慧颖. "VP$_1$也VP$_2$"和"VP$_1$也怎的"：关于近代汉语中的两种选择问句［J］. 古汉语研究，1990（2）.

［254］吴青峰. 涟源市古塘方言疑问句研究［J］. 长春大学学报（社会科学版），2006（11）.

[255] 吴松弟. 唐后期五代江南地区的北方移民 [J]. 中国历史地理论丛, 1996 (3).

[256] 吴晓红, 吴芬芳. 安徽颍上话的反复问句形式 [J]. 广西民族学院学报 (哲学社会科学版), 2004 (12).

[257] 吴振国. 关于正反问句和 "可" 问句分合的一些理论方法问题 [J]. 语文研究, 1990 (2).

[258] 吴振国. 现代汉语选择问句的删除规则 [J]. 华中师范大学学报 (哲学社会科学版), 1992 (5).

[259] 伍伶俐. 广西全州方言中的 "Xx" 式反复问句 [J]. 柳州职业技术学院学报, 2014 (2).

[260] 伍巍, 陈卫强. 一百年来广州话反复问句演变过程初探 [J]. 语言研究, 2008 (3).

[261] 伍云姬. 湖南方言的语气词 [M]. 长沙: 湖南师范大学出版社, 2006.

[262] 武振玉. 《五灯会元》中的是非问句与选择问句初探 [J]. 陕西师范大学继续教育学报, 2001 (1).

[263] 项梦冰. 连城 (新泉) 方言的疑问代词 [J]. 方言, 1993 (3).

[264] 项梦冰. 连城 (新泉) 话的反复问句 [J]. 方言, 1990 (2).

[265] 项梦冰. 连城客家话语法研究 [M]. 北京: 语文出版社, 1997.

[266] 项菊. 黄冈方言的 "VP-neg?" 及其相关句式 [J]. 黄冈师范学院学报, 2005 (2).

[267] 肖亚丽. 黔东南方言语法研究 [D]. 上海: 上海师范大学, 2008.

[268] 谢琳琳. 潮汕方言 "VP-NEG" 中性问句的共时表现和历时蕴含 [D]. 广州: 中山大学, 2005.

[269] 谢留文, 黄雪贞. 客家方言的分区 (稿) [J]. 方言, 2007 (3).

[270] 谢留文. 客家方言的一种反复问句 [J]. 方言, 1995 (3).

［271］谢润姿. 揭阳方言的疑问句末语气词［J］. 长春大学学报（社会科学版），2009（3）.

［272］谢旭慧. 玉山话疑问副词"可"及其相关句式［J］. 上饶师范学院学报，2001（2）.

［273］辛永芬. 豫北浚县方言的反复问句［J］. 汉语学报，2007（3）.

［274］邢福义. 否定形式和语境对否定度量的规约［J］. 世界汉语教学，1995（3）.

［275］邢福义. "有没有VP"疑问句式［J］. 华中师范大学学报（哲学社会科学版），1990（1）.

［276］邢向东. 陕北晋语沿河方言的反复问句［J］. 汉语学报，2005（3）.

［277］徐杰，李英哲. 焦点和两个非线性语法范畴："否定""疑问"［J］. 中国语文，1993（2）.

［278］徐杰. "重叠"语法手段与"疑问"语法范畴［M］//汪国胜，谢晓明. 汉语重叠问题. 武汉：华中师范大学出版社，2009.

［279］徐杰，张媛媛. 汉语方言中"可VP"问句的性质［J］. 汉语学报，2011（2）.

［280］徐杰，田源. "A不AB"与"AB不A"两种反复问句的统一处理及相关的句法问题［J］. 当代语言学，2013（4）.

［281］徐烈炯，邵敬敏. "阿V"及其相关疑问句式比较研究［J］. 中国语文，1999（3）.

［282］徐盛桓. 疑问句探询功能的迁移［J］. 中国语文，1999（1）.

［283］徐宇航. 潮州方言"唔字结构"合音条件及合音演变［M］//甘于恩. 南方语言学：第四辑. 广州：暨南大学出版社，2012.

［284］徐止考. 清代汉语选择疑问句系统［J］. 吉林大学社会科学学报，1996（5）.

［285］许卫东. 山东招远话中的AA式和AAB式正反问句［J］. 中国

语文，2005（5）.

［286］严修鸿. 河源惠州"本地话"语音特点概略（二）［M］// 甘于恩. 南方语言学：第二辑. 广州：暨南大学出版社，2010.

［287］杨敬宇. 清末粤方言语法及其发展研究［M］. 广州：广东人民出版社，2006.

［288］杨亦鸣. 睢宁话反复问句的类型［J］. 徐州师范学院学报，1989（3）.

［289］杨永龙. 句尾语气词"吗"的语法化过程［J］. 语言科学，2003（1）.

［290］杨海明. 近百年来北京话正反问句动态研究［J］. 暨南学报（哲学社会科学版），2007（2）.

［291］杨秀明. "有没有句"在闽南方言区的结构变异——关于新兴问句"有没有 + VP"产生依据的探析［J］. 漳州师范学院学报（哲学社会科学版），2003（3）.

［292］姚丽娟. 绥阳方言的疑问句与普通话疑问句的异同［J］. 遵义师范学院学报，2007（6）.

［293］叶国泉，罗康宁. 粤语源流考［J］. 语言研究，1995（1）.

［294］叶建军. 疑问副词"还"溯源［J］. 安徽大学学报（哲学社会科学版），2008（1）.

［295］尹铭. 云南汉语方言语法述略（续二）［J］. 云南电大学报，1996（1）.

［296］尹世超. 说否定性答句［J］. 中国语文，2004（1）.

［297］游汝杰. 吴语里的反复问句［J］. 中国语文，1993（2）.

［298］游汝杰. 游汝杰自选集［M］. 桂林：广西师范大学出版社，1999.

［299］于都县地方志办公室. 于都县志：1986—2000［M］. 北京：方志出版社，2005.

［300］俞光中，植田均. 近代汉语语法研究［M］. 上海：学林出版社，1999.

［301］余凯. 梧州话与广州话的是非问句比较［J］. 桂林师范高等专科学校学报，2008（4）.

［302］余蔼芹. 广东开平方言的中性问句［J］. 中国语文，1992（4）.

［303］俞理明. 从东汉文献看汉代句末否定词的词性［J］. 汉语史学报，2004（0）.

［304］俞理明.《太平经》中非状语地位的否定词"不"和反复问句［J］. 中国语文，2001（5）.

［305］遇笑容，曹广顺. 中古汉语中的"VP 不"式疑问句［C］//《纪念王力先生百年诞辰学术论文集》编辑委员会. 纪念王力先生百年诞辰学术论文集. 北京：商务印书馆，2002.

［306］袁宾. 说疑问副词"还"［J］. 语文研究，1989（2）.

［307］袁家骅，等. 汉语方言概要［M］. 2 版. 北京：文字改革出版社，1983.

［308］袁劲. 说"难道"［J］. 青海师范大学学报（社会科学版），1986（4）.

［309］袁毓林. 正反问句及相关的类型学参项［J］. 中国语文，1993（2）.

［310］岳立静. 山东中西部方言反复问句 300 年来的演变：以《醒世姻缘传》为例［J］. 东岳论丛，2006（3）.

［311］曾毅平. 石城（龙岗）客家方言语法研究［D］. 广州：暨南大学，1998.

［312］曾毅平. 石城客家话的疑问系统［M］//邵敬敏，等. 汉语方言疑问范畴比较研究. 广州：暨南大学出版社，2010.

［313］曾毓美. 湘潭方言语法研究［M］. 长沙：湖南大学出版社，2001.

［314］张安生. 宁夏同心话的选择性问句：兼论西北方言"X 吗 Y"句式的来历［J］. 方言，2003（1）.

［315］张伯江，方梅. 汉语功能语法研究［M］. 南昌：江西教育出版社，1996.

［316］张伯江. 疑问句功能琐议［J］. 中国语文，1997（2）.

［317］张敏. 汉语方言反复问句的类型学研究［D］. 北京：北京大学，1990.

［318］张明辉. 东北方言反问句的结构类型研究［J］. 南阳师范学院学报，2012a（5）.

［319］张明辉. 辽宁铁岭方言反问模式研究［J］. 嘉应学院学报，2012b（4）.

［320］张邱林. 陕县方言选择问句里的语气助词"曼"——兼论西北方言选择问句里的"曼"类助词［J］. 汉语学报，2009（2）.

［321］张双庆，庄初升. 从巴色会出版物看一百多年前新界客家话的否定词和否定句［J］. 语言研究，2001（4）.

［322］张双庆，庄初升. 广东方言的地理格局与自然地理及历史地理的关系［M］//刘新中. 广东汉语方言研究的理论与实践. 广州：世界图书出版公司，2012.

［323］张晓涛. 疑问和否定的相通性及构式整合研究［M］. 北京：中国社会科学出版社，2011（8）.

［324］张孝荣，肖奇民. 最简方案下汉语反复问句的句法分析［J］. 现代外语，2014，37（3）.

［325］张映庚. 昆明话语法述略［J］. 红河学院学报，1986（1）.

［326］张振兴. 现代汉语方言语序问题的考察［J］. 方言，2003（2）.

［327］赵长才. 上古汉语"亦"的疑问副词用法及其来源［J］. 中国语文，1998（1）.

［328］赵长才. 中古汉语选择连词"为"的来源及演变过程［J］. 中

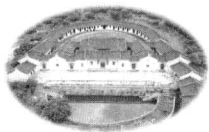

国语文，2011（3）.

［329］赵元任. 现代吴语的研究［M］. 北京：科学出版社，1956.

［330］郑娟曼. 温州方言的疑问句［J］. 浙江师范大学学报（社会科学版），2009（2）.

［331］钟兆华. 论疑问语气词"吗"的形成与发展［J］. 语文研究，1997（1）.

［332］周定一. 鄜县客家话的语法特点［J］. 中国语言学报，1988（3）.

［333］周日健. 新丰方言志［M］. 广州：广东高等教育出版社，1990.

［334］周生亚. 说"否"［J］. 中国语文，2004（2）.

［335］朱琳. 泰兴话的 ADV + VP 问句［J］. 语言研究，2011（3）.

［336］朱德熙. 汉语方言里的两种反复问句［J］. 中国语文，1985（1）.

［337］朱德熙. 语法讲义［M］. 北京：商务印书馆，1982.

［338］朱德熙. 朱德熙文集［M］. 北京：商务印书馆，1999.

［339］朱德熙. "V-neg-VO"与"VO – neg-V"两种反复问句在汉语方言里的分布［J］. 中国语文，1991（5）.

［340］朱庆之. 试论汉魏六朝佛典里的特殊疑问词［J］. 语文研究，1990（1）.

［341］朱晓亚. 现代汉语句模研究［M］. 北京：北京大学出版社，2001.

［342］朱运申. 关于疑问句尾的"为"［J］. 中国语文，1979（6）.

［343］祝敏彻. 汉语选择问、正反问的历史发展［J］. 语言研究，1995（2）.

［344］庄初升，陈英纳. 早期荷兰人编印的两种印尼客家方言文献［J］. 文化遗产，2013（2）.

［345］庄初升，黄婷婷.19 世纪香港新界的客家方言［M］. 广州：广东人民出版社，2014.

［346］庄初升. 广东省客家方言的界定、划分及相关问题［J］. 东方

230

语言学, 2008 (2).

[347] 庄初升. 保留阳上调的龙川县大塘村客家方言 [J]. 语言科学, 2012, 11 (1).

[348] WANG, WILLIAM S W. Conjoining and Deletion in Mandarin Syntax [J]. Monumenta Serica, 1967 (26).

[349] CHENG R L. Chinese question forms and their meanings [J]. Journal of linguistics, 1984 (1).

[350] CHOU Y Y. The study of the variations in the neutral question of the Tainan Area Southern Min Dialect [D]. Hsinchu: National Hsinchu University of Education, 2011.

[351] LIEN C F. Exploring "kan" in Southern Min: hierarchy and interaction of functional categories [C]. Paper presented at the 58th Annual Conference of Chinese Linguistic Society of Japan, Kyoto University of foreign studies, 2008.

后　记

　　轻轻敲下"后记"二字，博士四年的生活画面如电影般一幕一幕在脑海掠过，我看见拿到录取通知书时欣喜的自己，我看见重当学生艰难学习新专业方向的自己，我看见春节期间坚守在方言中心埋头写作的自己，我看见思路不畅时在校园操场上一圈圈奔跑的自己……终于迎来谢幕的这一刻，内心盈满感激。

　　首先要感谢我的导师邵宜教授，从论文题目的选择、结构框架的搭建到版式细节的修改，他都给予了细致的指导。每当论文陷入困境，不知如何往前走的时候，我都会找邵老师商谈，而老师总是以他渊博的专业知识、开阔的学术视野、敏锐的思维和幽默风趣的表达，让我醍醐灌顶，如沐春风。邵老师虽然工作繁忙，却总是不遗余力地对学生进行学术指导，记得博一时，他常常给我和两个读研的小师妹"开小灶"，领着我们调查龙川、澄海的音系，手把手地教我们方言语音调查的方法，让我这个方言的槛外人慢慢领悟了田野调查的魅力，慢慢地积累专业知识。邵老师和师母对学生的关心不仅仅是学习方面，更有生活方面。当我们遇到困难时，他们总是尽力为我们排忧解难，他们为学生的事业发展而欣慰，为学生结婚生子由衷祝福，在邵门，我感受到了家庭般的温暖。

　　感谢所有给我们授课的老师：甘于恩老师亲切随和，在我考博的路上给予我莫大的帮助；陈晓锦老师的谆谆教导也给了我一直前行的力量；伍巍老师在预答辩时仔细读完我的论文，做了许多详细的批注，并提供了整整一页的意见和语料；年轻有为的侯兴泉老师是我读硕士时的师兄，他思维敏捷，在我极其困扰时帮我调整论文框架；刘新中老师的语音课让我对国际音标有了更深入的了解；王彦坤、曾毅平、钟奇、范俊军等老师的课也让我获益匪浅。此外还要感谢中山大学的庄初升老师，博二时我和同学一起去中大蹭课，庄老师授课慷慨激昂，讨论学术热点时如数家珍，点燃了我们投身方言的热情；他还极具学术分享意识，关心年轻人的成长，无私地馈赠了我们许多宝贵的材料，并提供机会让我们随同去东莞调查，种种教导难以忘怀；施其生老师是我院的督导，曾数次听过我讲现代汉语课，得知我研究方言语法后很是关注，推荐了许多论文供我参考，并与我深入讨论，给了我很大的启发。正是这么多老师的点拨，让在方言道路上起步甚晚的我能够顺利地完成博士论文的撰写，我真是何其有幸！

感谢我的同学赵越、马恕凤、焦红梅和肖荣钦，你们的陪伴让我的博士生活变得五彩缤纷，尤其是 2015 年寒假，如果不是赵越姐拉着我前行，也许我无法坚持到最后；感谢同门师姐郑媛为我指点迷津，师妹李慧敏、张燕洁、董芳良、孙宜春与我结伴前行；感谢丘金芳师妹帮我绘图、打印论文，为我们张罗答辩工作。

感谢中山大学南方学院文学与传媒系（今文学与传媒学院）孙立主任在工作上对我的支持，若不是他的鼓励，也许我的步伐没有那么快；同事姚新明、杨萍、周秀梅、龙翔等常常听我倾诉，为我分忧；还有我可爱的学生们，他们帮助我在很短的时间内完成普查，并联系他们的家长作为我的发音人，不厌其烦地回答我的问题，尤其是黎东娴和苏思思，还陪着我在实验楼写论文，让我不至于太孤独；感谢我所有的发音人为我提供了丰富的写作素材，特别是袁秀琼、刘起滨夫妇，你们的友情是我一生的财富。

最后，深沉的谢意留给我的家人：父母无数次地帮我回忆龙川话中最地道的说法，总是在我困难的时候出现在我的身边；公公婆婆在我攻博的最后一年舍弃了家乡安逸舒适的生活，克服南北差异来帮我们带孩子、料理家务；我先生张术宽十几年如一日给我最深沉的关爱，当其他人不理解

我，觉得女人何苦读博时，他始终坚定地支持我的种种选择，尽可能地为我挪出时间、腾出空间，让我心无旁骛地读书写作。2015年3月，他体检发现身患重疾，到处求医，却仍全力支持我拼命冲刺论文，在我内疚纠结时给我安慰、推我前行。接下来他仍要接受一系列的治疗，祈祷命运眷顾善良努力的他，而我们将携手面对生活的种种风雨，迎接属于我们的六月骄阳。小儿羽宸聪明懂事，因为父母相继读博，他自小陪爸爸去实验室做实验，跟妈妈去图书馆看书，不以为苦，反而乐在其中，他灿烂的笑容能让我忘记种种纷扰烦恼，他是我们不懈努力的动力之源。

"光阴荏苒须当惜，风雨阴晴任变迁"，攻博这一路走来，虽然经历风雨，充满艰辛，却终将在时间的酝酿下成为生命中弥足珍贵的微甜的回忆，携带满满的感激，我将坚持在方言的路上继续行走。

上述文字写于2015年5月。犹记得写完打印送出去盲审那天，我坐在开往肿瘤医院的公交车上，一路晃悠，一路流泪。那段时间化身为铁打的女子，一刻不停地忙碌着。没有时间忧伤，唯有马不停蹄地奔跑。终于站在毕业典礼的舞台，领取证书的那一刻，我深深鞠躬，致敬那些披星戴月、早出晚归的时光。

毕业后，我基本将生活的重心放在家庭，为了给老张更好的治疗和照顾，我查阅了许多抗癌的资料，关注了许多优秀的肺癌公众号和论坛，拼命地学习。老张2015年术后又化疗数次，历经种种不适后，身体恢复得尚好，度过了相对比较平稳的一年多时间。正当我们暗自庆幸，稍微松一口气时，病魔又再次狠狠地给我们一击。2017年2月，老张身体状况直线下降，经常头晕，右侧肢体麻木，走路趔趄。全面检查后，居然是极为凶险的脑转移，而且是多发的5厘米大肿瘤，医生说可能生存期仅有几个月。我们的心情跌入深渊，我拿着片子跑了数间医院，遍访名医，寻求最合适的治疗方案。接下来的几年里，我们尝试抗癌的各种方式：胸部开刀手术、靶向药、化疗、放疗、伽马刀、速锋刀、免疫治疗、中药、艾灸、针灸、精油、刮痧、开颅手术、热消融术……这个过程之艰难，之彷徨，之纠结，之迷茫，无以言说。有时因为药物起效肿瘤暂时得到控制而欣喜若狂，有时因为靶向药耐药黯然神伤，有时因为突如其来的抽搐而惊慌失措……更多的时候，开始学会珍惜，珍惜一家人尚能在一起的时光。

8年多来，我无数次独自等候在CT室、MR室、手术室外，心情焦灼却也只能默默消化，几次站在ICU病房外，透过玻璃或者视频看着老张身上插满管子，形容憔悴，内心泛起阵阵酸楚，常常感慨，能平安活着是怎样的一种幸福啊！2021年开颅手术后，老张辗转于各间医院进行康复治疗，2022年全面扩散，虽然我们竭尽全力不计成本地挽留，终是回天无术。当儿子结束中考的那个下午，他的心脏停止了跳动，我知道，为了不影响儿子中考，他拼尽了最后一次呼吸。

我知道，对老张最好的怀念是和儿子好好地活着，带着他的祝福和期待。他觉得自己拖累了我，希望我卸下重担后能活出自己的精彩，不要顾虑太多。他走后这一年多，我做了很多事，包括修改这本书，我想这是我送给你的一本书，谢谢你这辈子给我的宠爱。

2024年申请了肇庆学院的学术著作资助，开始着手修改博士论文，这个过程于我而言有点艰难，因为激起了太多的回忆，感谢康编辑的包容与鼓励。书中尚存一些可以深入思考的问题，余生漫漫，继续探讨。

黄年丰

2024 年 11 月 20 日